길에서 보낸 세월

길에서 보낸 세월

조진기

새미

차 례

머리말
길에서 보낸 세월 ‖ 011

제1부 : 마음의 길을 따라

자개문패 ‖ 017
나의 애장서愛藏書 ‖ 023
바보계단 ‖ 030
선물 ‖ 035
광야에서 ‖ 038
낮은 목소리 ‖ 043
결혼, 아름다운 출발 ‖ 047
초원, 화산, 그리고 온천 ‖ 057
아름다운 여행 ‖ 066
내밀한 만남 ‖ 072
사랑하는 딸에게 주는 아빠의 러브 · 레터 ‖ 075

제2부 : 짧은 글, 긴 생각

꽃피는 길목에서	‖ 083
산을 오르며	‖ 085
헷갈리는 세상	‖ 088
꽃이 있는 식탁	‖ 090
엄마의 고방庫房	‖ 092
비밀 만들기	‖ 094
때묻은 이불	‖ 096
이름 부르기	‖ 098
임금님의 귀	‖ 101
출세한 내 친구	‖ 104
깨끗한 유리거울	‖ 106
역사 만들기	‖ 109
여름옷의 아가씨들	‖ 112

제3부 : 타락한 사회에서 길 찾기

세계화와 문명충돌	‖ 117
그 때를 아십니까?	‖ 122
노래방문화와 담론문화	‖ 126
지방화시대와 지역문화	‖ 131
건강한 사회를 위한 인간교육	‖ 136
휘청거리는 관광문화	‖ 141
잔인한 4월에 보내는 편지	‖ 146
학문, 인간 이해의 길	‖ 152
세계 속의 한국학	‖ 159

제4부 : 내가 만난 사람들

학처럼 사시는 분	‖ 165
산을 기리는 마음	‖ 169
진정한 자유인이 되소서	‖ 174
딸깍발이 회장님	‖ 177
문학과의 만남	‖ 182
학문의 길	‖ 190
정여, 투명한 호수의 조용함	‖ 196
홀로 가는 길은 아름답다.	‖ 200
소산형素山兄과 가훈	‖ 205
큰 바위 얼굴	‖ 209
서울 글쓰기, 지방 글쓰기	‖ 215
일본, 그리고 오오타니大谷 교수님	‖ 218
일본인의 친절	‖ 223

제5부 : 가족, 함께 가는 길

추상抽象 ∥ 231
어머니의 초상 ∥ 237
국화 옆에서 ∥ 248
나의 결혼이야기 ∥ 255
자호지변自號之辯 ∥ 261
아름다운 일본 풍정風情 ∥ 266
아름답고 멋진 출발 ∥ 271
꿈을 꾸는 사람은 아름답다. ∥ 278

제6부 : 뿌리를 찾아서

죽수서원竹樹書院 참배기 ‖ 293
참판공행장參判公行狀 ‖ 300
영양향교 육영루 중건기育英樓 重建記 ‖ 307
사의정사중건기思義精舍重建記 ‖ 311
영곡英谷 조공제문趙公祭文 ‖ 314
전주류씨 열녀기적비全州柳氏 烈女記績碑 ‖ 320

머리말

길에서 보낸 세월

　봄이 되면서 나는 평생 다니던 대학을 정년퇴임으로 그만 두게 된다. 나는 지난 30여년을 대구와 마산을 오가며 말 그대로 길에서 세월을 보내다. 처음 길에 나선 몇 년은 신선한 여행이었다. 길 가에 피어있는 꽃과 나무들, 그리고 멀리 차창 밖으로 보이는 풍경이 계절마다 바뀌면서 계절과 더불어 자연을 느끼며 살았다. 그리고 그 후 몇 년은 권태로운 나날이었다. 길에 나서면 언제나 같은 풍경이 나를 권태롭게 했고, 마침내 나는 길에서 오랫동안 방황했다. 그런 권태와 방황의 세월을 보내고 비로소 나는 길에서 새로운 길을 찾으려고 했다.
　내가 찾으려는 길은 학문의 길이고 동시에 삶의 길이었다. 내가 문학을 공부하면서 한 결 같이 꿈꾸어 왔던 세계는 단순한 지식이 아니라 살아있는 학문으로서 인간 삶의 문제였다. 그래서 문학과 인간 삶을 가능한대로 하나로 통합해 보려고 노력했다. 그러나 그 길은 보이지 않았다. 문학도, 인생도 항상 '저만큼' 먼 거리에서 안개처럼 불분명한 채로 존재하고 있을 뿐이었다. 거기에 이르는 길이 막연하게만 느껴졌다. 그래서 또다시 나는 길에서 길을 잃고 방황했다. 이런 방황과 혼란은 남이 만들어 놓은 길을 막연히 따라다닌 탓이라고 생각하기에 이르렀다.

이런 자각을 하게 된 이후 내게 있어 자동차는 사색의 공간이고, 연구의 공간이 되었다. 하나의 화두를 잡고 오가는 자동차 속에서 생각의 실마리를 잡고 나름대로 사색하고 새로운 길을 모색하고자 했다. 삶이, 학문이 결국 사람살이 라는 사실을.

인간이란 본질적으로 혼자서 가야 할 고독한 존재라 할지라도 역설적이게도 '홀로 있지만 고독과 함께 있기에 외롭지 않다.'는 노래의 가사처럼 함께 할 사람들이 있다는 것은 분명 행복한 일이다. 그래서 나는 사람을 그리워하고 그들과 더불어 소통함으로서 삶의 의미를 확인하고 싶었다. 그러한 소통을 지향하고자 하는 나의 생각을 담은 것이 이 책이다. 따라서 여기에 담긴 글들은 문학적 글쓰기와는 달리 다양한 매체의 요청과 필요에 따라 쓴 글이어서 미처

영글지 못한 생각의 파편들이고, 동시에 드러내기 부끄러운 자화상이라 할 수밖에 없다. 그럼에도 어지러운 글을 한 권의 책으로 묶는 것은 내 삶의 한 시기를 정리하려는 뜻이다.

이제 치열한 삶의 현장에서 비켜서서 또 다른 길을 찾아야 할 시점이다. 내가 찾아야 할 길은 어디에 있으며, 어디로 향해야 할 것인지 알지 못한다. 그러나 여유로운 마음으로 삶을 바라보며 작은 깨달음에 이르렀으면 한다. 글 없는 책을 읽을 수 있고, 눈감고 줄 없는 거문고를 어루만지고, 구멍 없는 피리를 불면서도 맑고 고운 노랫소리를 들을 수 있기를 희망한다.

2010년 2월 20일
조 진 기

제1부
마음의 길을 따라

자개문패
나의 애장서愛藏書
바보계단
선물
광야에서
낮은 목소리
결혼, 아름다운 출발
초원, 화산, 그리고 온천
아름다운 여행
내밀한 만남
사랑하는 딸에게 주는 아빠의 러브·레터

자개 문패

나는 아직도 단독 주택에서 살고 있다. 그것도 한 차례 이사도 하지 않고 같은 집에서 20여 년을 살고 있다. 그래서 우리 집을 다녀가지 않은 사람들은 내가 살고 있는 집은 널따란 정원과 육중한 건물이 자리한 대단한 저택인 줄 알고 있다. 그러나 실상은 대지 86평에 건평 30평의 조그만 남향집에 불과하다. 이런 사실을 알고 나면 대부분의 사람들은 나를 이상한 눈으로 바라보게 마련이다. 그렇다고 이 집을 떠나서는 안 될 특별한 사연이 있는 것도 아니다. 구차하게 이유를 붙인다면 내 손으로 직접 지은 집이고 소위 학군 좋고 교통이 편하고 거기에다 주변이 조용하여 책 읽고 글쓰기에는 별다른 불편함이 없을 뿐만 아니라 책을 읽다 피로하면 마당에 나와 서성대는 것도 즐겁기 때문이다. 거기에다 아파트에 살아보지 않아서 잘 모르겠지만 아직도 아파트란 보이지 않는 무엇에 감금되어 있는 듯 한 잘못된 선입견을 갖고 있고, 아내 또한 남들처럼 주변머리(?)가 없어 청약통장 하나 준비하지 않아 아파트로 이사할 기회를 한 번도 갖지 못했을 뿐이다. 그리하여 우리 집에는 이제는 유물이 될 법한 자개문패가 내 젊은 날의 짠한 기억의 한 자락을 지닌 채 대문의 한 귀퉁이에 매달려 있다.

문패라는 말은 홍문紅門과 패액牌額을 줄인 말이다. 홍은 충신, 효자, 열녀의 일편단심 붉은 마음을 뜻하며, 문은 그 사람의 가문을 뜻한다. 패액이란 홍문에 내거는 현판으로 패액의 테두리는 여러 가지 무늬와 단청으로 장식하였다. 길가에 세웠던 패루牌樓는 솟을삼문으로 따로 만들었다. 그러다가 이것이 간소화되면서 따로 설치하지 못하고 집 대문이나 문짝에 붙여 걸게 되었으니, 이것을 문패라 하였다. 문패가 일반가정에 널리 쓰이게 된 것은 광무연간(1897-1906)으로 우편제도가 발달하면서 비롯되었다고 한다. 이처럼 한 세기에 걸쳐 사용되던 문패가 우리의 주거생활이 아파트로 바뀌면서 문패가 사라져가고 있음을 볼 때면 안타까운 마음이 없지도 않다.

우리 집 대문의 자개문패는 20여 년이 지나 자개는 몇 군데 떨어지고 칠 또한 벗겨져 고색창연하다. 그럼에도 불구하고 그것을 버리지 못하고 있는 것은 앞에서 말한 것처럼 짠한 기억이 있기 때문이다. 시골에서 자라 대구로 나온 이후에도 줄곧 셋방살이를 하였는데, 졸업을 하고 곧바로 대구의 청구고등학교 교사로 자리를 잡게 되었다. 그리고 1년 후 시골에 계시는 어머니를 대구로 모셔왔다. 물론 셋방살이였다. 그리고 시골에서 논밭을 정리한 돈으로 집을 마련하기에는 너무나 부족하여 사업을 한다는 같은 학교의 동료에게 빌려주었다가 몇 달 만에 부도를 내는 바람에 시골에서 부모님으로 물려받은 논밭 판돈을 다 잃고 말았다. 잃어버린 돈보다 아침저녁으로 어머님 대하는 것이 면구스러웠다. 내 집을 마련하는 꿈은 멀어지고 말았다. 그런 어느 날 학교로 문패 만드는 사람이 와서 문패를 만들라고 했다. 집도 절도 없는 사람이라고 했더니 문패를 미리 만들어 놓으면 집을 빨리 마련하게 된다며 달라붙었다. 옆자리의 동료 선생님들도 맞장구를 쳤다. 그리하여 그 말을 믿은 것은 아니지만 마음 약한 나는 문패장수의 끈질긴 강요에 그만 굴복하고야 말았다. 집도 없이 문패부터 마련할 바에야 아예 고급스러운 것으로 한다고 최고급 자개문패로 주문을 했다. 얼마 후 갈색 바탕에 자개로 조각된 내 이름과 이름 옆으로 자개무늬가 새겨진 멋진 문패를 가져다주었다. 묘한 기분이었다. 한편으로는 기분이 좋으면서도 다른 한편으로는 나의 치기稚氣가 부끄러웠다. 곧바로 집으로 가져 갈 용기가 없어 며칠 동안 학교의 서랍에 넣어두었다가 어느 날 그것을 들고 집으로 가서 어머니께 보여드렸더니 어머니께서 "집도 없는 놈이 문패는 등에 달고 다닐 거냐."며 웃으셨다.

　문패를 마련했으니 이것을 어디엔가 붙여야 되겠는데 셋방 사는 주제에 남의 집에 달 수도 없고 보니 돈 떼인 것이 분하고 억울했다. 그런데 행운의 기회가 찾아 왔다. 세 들어 사는 집주인이 새로 집을 한 채 지었으나 팔리지 않으니 그 집에 가서 집도 지켜 줄 겸 거기에서 살라고 했다. 이제 단독주택에 우리 가족만 살 수 있게 되었다고 생각하니 기분이 좋았다. 그러나 밤에 누워 생각하니 팔려고 내 놓은 집이니 언제든지 집이 팔리면 다시 내쫓겨나올 것을 생각하니 반드시 좋은 일만은 아닐 수도 있었다. 그래서 다음날 아침 집주인에게 그 집을 내게 월부(?)로 팔라고 했다. 지금 당장 그 집에 들어가고 집값은 6개월에 걸쳐 나누어 주겠노라고. 주인 또한 조 선생이라면 믿는다며 선선히 승낙을 했다. 그러나 사실은 계약금 줄 돈도 마련되어 있지 않았다. 그리하여 몇 군데 다니며 급하게 빌려 계약금을 주고 새집으로 이사를 했다. 1960년대 집장사가 지은 방 4칸 부엌 1칸의 한옥으로 겉에는 타일을 붙여 보기에는 제법 깔끔한 집이었다. 방 2칸을 전세를 주고 안방과 마루, 그리고 조그만 가운데 방을 우리가 사용했다. 그 때 대학원을 다니느라 책도 제법 있어 내 작은 방에는 책장을 놓고 나니 책상 놓을 자리조차 없어 책장은 마루에 놓고 겨우 혼자서 잠잘 수 있었다. 시골에서도 초가집에서 살았던 어머니는 좋아서 아침저녁으로 집 청소에 시간을 보냈고, 나는 이사를 끝내고 곧바로 대문 한 켠 시멘트기둥에 대못을 박아 번쩍번쩍 빛나는 자개문패를 달았다. 집도 없이 문패를 마련한지 1년이 채 되지 않아 외상으로 산 집일망정 내 집에 내 이름이 새겨진 문패를 달았으니 어찌 기쁘지 않겠는가. 그리고 다음 해 결혼을 했으나 그 때까지 빚을 다 갚지 못하여 세든 사람들을 내보내지 못하고 우리 부부는 내 작은 가운데 방에서 비둘기처럼 살았다. 그러나 아침저녁 출퇴근하면서 대문에 붙은 자개문패를 보는 것만으로도 행복했다. 그 후 그 집에서 5년을 살고 지금의 집을 지어 이사를 했다. 우리의 이삿짐이라고 해야 그리 변변한 것도 없었지만 내가 챙긴 것 가운데 5년 동안 비바람 맞으며 빛바랜 자개문패를 떼어오는 것을 잊지 않았다. 그리고 내가 지은 새 집에는 어울리지 않는 낡은 자개문패를 달면서 집도 없이 문패부터 마련했던 내 젊은 날의 치기가 새삼스레 가슴을 뛰게 했다.

 그런데 요즘 어디에서도 문패를 보기란 쉽지 않다는 사

실이 나를 슬프게 한다. 아파트생활이 일상화되면서 남의 집 방문이 무례한 행동으로 생각되고, 단독주택에 사는 것은 마치 원시인처럼 미련한 사람으로 취급되고, 전화가 일상화되면서 편지 또한 일상생활에서 밀려나면서 문패는 완전히 용도 폐기되는 신세가 되었다. 그럼에도 불구하고 내게 있어서 문패는 처음으로 내 집을 마련하고 문패를 달 때의 감격과 함께 새로운 출발의 계기를 가져다주는 부적처럼 언제나 가슴 속에 자리하고 있다.

(1998)

나의 애장서愛藏書

　책과 더불어 평생을 살아오다 보니 제법 많은 책을 소장하게 되었다. 그 책들은 학교의 연구실과 나의 작은 서재를 채웠다. 그래서 몇 차례에 걸쳐 책을 정리하고 별달리 내게 소용되지 않는 책들은 다른 사람에게 주어버리거나 심지어 고물장사에게 넘겨주기도 했다. 그러나 세월이 지나면서 버릴 수 없는 책들이 늘어나면서 제 자리를 찾지 못하고 밀려난 책들은 묶여진 채 다락에 아무렇게 쌓아 놓을 수밖에 없었다. 그러고 보니 쌓여진 책 또한 모두 한 때는 자기의 몫을 다했지만 시간이 지나고 마침내 정년을 맞고 퇴임한 학자처럼 제대로 대우를 해 주지 못하여 미안한 마음이 없지 않다.
　그런 가운데 내 서재에서 밀려나 다락에 있어야 할 책 가운데 두 권의 책은 내 서재의 한 가운데 자리하고 있으니,

그 하나는 김유정의 단편집 『동백꽃』이고, 다른 하나는 양주동 교수의 『고가연구』로서, 이를테면 나의 애장서愛藏書라 할 수 있다. 그 까닭은 이들 책이 희귀본이라서가 아니고 그 책에 담긴 특별한 사연이 있기 때문이다.

  대학 2학년 때(1965년) 김유정을 어렴풋이 알게 되면서 몇 편의 대표작을 읽으면서 그의 문학에 미치고 말았다. 그래서 대표작만으로는 직성이 풀리지 않아 그의 전 작품을 찾아 읽고 싶었다. 『동백꽃』이란 단편집이 있다고 하여 도서관은 물론 대구의 헌 책방을 샅샅이 뒤지고 다녀도 찾을 수가 없었다. 그래서 미친 사람처럼 아는 사람을 만날 때마다 어디선가 『동백꽃』을 보면 알려달라고 부탁을 하기도 했다. 하릴없이 헌 책방을 다녀도 찾을 길 없고 누구로부터도 반가운 소식은 없었다. 그리고 몇 달이 지난 12월 영문과에 다니는 여학생이 내게 알려주었다. 자기 집 앞의 대본점貸本店에서 『동백꽃』을 보았노라고. 나는 곧바로 달려가 조그만 대본점에서 표지의 색깔이 바래지고 마지막 뒷장은 떨어져 나간 낡은 『동백꽃』을 보았다. 분명 낡은 표지이긴 하지만 동백꽃 앞에 살포시 앉아있는 여인의 모습이 그려진 표지화에 『동백꽃』 김유정저金裕貞著라고 분명히 새겨져 있었다. 순간 숨이 막히는 듯 한 감격, 그리고 심호흡을 한 뒤 마음을 진정하고 목차를 살펴보았다. 「동백꽃」을 시작으로 「금따는 콩밧」, 「봄 봄」, 「안해」… 틀림없었다. 이 책을 어떻게든 내 손에 넣어야 한다는 생각이 거의 동시에 일어났다. 그리고 태연을 가장하여 쓰잘 데 없는 다른 책들을 뒤적이고 난 뒤에 여기 있는 책들을 파는지 물어보았으나 팔지는 않는다고 했다. 그래서 『동백꽃』을 빌리기로 했다. 한 번 빌리는데 5원인가 하는 것을 10원을 주었더니 거스름이 없다면서 한 권 더 빌려가라는 것을 다음에 한 권 더 빌려가겠노라고 말하곤 급히 대본점을 나왔다. 이름을 적어두긴 했지만 그것은 물론 가명이었다. 『동백꽃』을 손에 들고 근처의 다방에 들어갔다. 그냥 집으로 오기에는 너무나 궁금하고 좀 더 자세하게 확인하고 싶었다. 목차를 살펴보니 처음 보는 제목이 너무나 많았다. 신기했다. 가슴이 뛰었다. 그 때 까지 김유정의 대표작 3-4편만이 알려져 있던 시기에 21편이 수록된 작품집을 보는 기쁨은 이루 말할 수 없었다. 그러나 마지막 판권란이 낙장으로 출판정보를 확인할 수 없는 점이 아쉽기 짝이 없었지만 김유정의 단편집 『동백꽃』을 갖게 되었다는 기쁨이 아쉬움보다 너무나 컸다. 차갑게 식은 커피는 여느 때의 커피맛과도 바꿀 수 없을 만큼 향기로웠다. 그 해 겨울 방학에 「김유정론」을 대학신문사 주최 문학작품 모집 평론부문에 당선되고, 이후 논문 「김유정 작품론고」(1975)를 발표하였지만, 책을 돌려주어야 할 날이 몇 십 년이 지난 지금도 돌려주지 못하여 마음 한 구석에는 미안한 마음이 없지도 않다. 그러나 그 때 그 대본집에 그냥 있었더라면 몇 년 뒤 파지장사에게 넘겨져 지금은 이 세상에서 사라지고 없을지도 모른다. 그러고 보면 김유정의『동백꽃』은 그런대로 임자를 잘 만났는지도 모른다고 반납하지 않은 불량한 자신을 변명해 본다.

『동백꽃』과 함께『고가연구』는 내 젊은 날의 치기稚氣와 우정을 생각나게 하여 이 책을 볼 때면 혼자서 미소를 지워 본다.

1966년, 그러니까 대학 3학년이 되던 4월 나의 친구가 입영을 하게 되었다. 입영하는 날 친구를 위하여 저녁 무렵 가벼운 막걸리 파티를 열었고, 친구와 함께 집결지인 종합운동장엘 갔다가 무엇에 홀린 듯 친구를 따라 논산행 입영열차를 타고 말았다. 늦은 밤 연무역에서 내려 어깨동무를 하고 논산훈련병 수용소에 도착하였다. 그런데 다음 날 아침이 되자 문제가 생겼다. 넓은 연병장에 입영장정을 확인하는 시간, 무작정 온 논산이고 보니 거기에는 내 병적카드가 있을 리 없었고, 어쩌면 어떤 처벌을 받을지도 모르는 순간이었다. 당황한 나는 병무청에서 우리를 인솔해 온 사람을 찾았다. 전부터 얼굴을 알고 지내던 병무청 직원은 나의 이야기를 듣고 즉석에서 나의 병적카드를 새로 만들어

주었다. 이제 문제는 해결되었고 어차피 군대생활을 해야 할 것이면 친구와 함께 하리라 결심하였다. 그런데 첫날부터 나는 호된 신고식을 해야만 했다. 양복에 넥타이까지 메고 논산훈련소에 갔으니 넥타이는 풀어서 주머니에 넣어두었으나 흰 와이셔츠에 양복 입은 입영병을 그냥 보고만 있겠는가. 점호를 하는 자리에서 불려나가 "여기가 너의 안방인줄 아느냐"는 호통과 함께 군화발로 정강이를 걷어차이는 기합을 받았다. 거기에다 세면도구도 없으니 PX에서 수건, 비누, 칫솔 따위를 샀으나 칫솔이 얼마나 거칠었던지 양치질을 하면 잇몸이 찢어져 피를 흘려야 했고, 식사시간이 되어 밥을 먹으려 해도 냄새 때문에 전혀 먹을 수 없었다. 그 때마다 친구는 억지로라도 먹어야 한다고 권하기는커녕 내 몫의 식사를 모조리 먹어치우곤 했다. 친구가 미워지기 시작했고, 아침저녁으로 연병장 너머로 등하교하는 학생이 부러워지면서 어떻게든 여기에서 벗어나야겠다고 다짐했다. 입소한 다음날부터 한 끼도 먹지 못한 채 노역勞役을 하는 사이 정밀신체검사를 받게 되었는데, 마침내 시력검사에서 불합격처분으로 10여 일만에 즉일 귀향을 하게 되었다. 논산 훈련소를 나오면서 내가 갖고 있던 얼마 되지 않은 돈을 친구에게 주고 화랑담배 한 갑만을 기념으로 갖고 집으로 왔다. 그 사이 집에서는 내가 행방불명이 되어 한바탕 소동이 벌어졌음은 물론이다.

그로부터 아마 6개월이 지난 뒤 어느 날 그 친구가 첫 휴가를 나와 학교에 왔다. 우리는 오후의 강의도 빼먹고 향촌동 막걸리 집으로 갔고, 거기에서 술을 마셨다. 그런데 수중에는 돈이라곤 한 푼도 없었다. 그래서 책을 맡기고 나왔다. 그것이 바로 양주동 교수의『고가연구』였다. 당시 교재로서는 가장 방대하고 책값 또한 만만치 않아 술집에서도 별말 없이 맡아주었다. 그런데 며칠 동안 친구와 어울려 술 마시고 영화보고 하느라 책을 찾을 여유가 없었다. 돈이 생기면 찾아야지 하면서 몇 달이 지났고 술값 계산을 해보면 책값보다 많기도 했다. 그래서 향촌동에 가도 그 집 앞은 피하게 되었고 마침내『고가연구』없이 그 학기도 끝나고 말았다.

해가 바뀌고 나는『고가연구』를 완전히 잊어버리고 지냈다. 4학년이 되면서 나는 대학원 진학을 생각했고 그 때를 대비하여 헌 책방을 돌면서 현대문학과 관련된 책들을 사 모았다. 그런 어느 날 헌 책방에 꽂혀있는『고가연구』를 발견했고, 어딘가 눈에 익은 책이라는 느낌이었다. 펼쳐보니 거짓말처럼 술집에 맡겼던 나의 책이 아닌가. 반갑기도 하고 부끄럽기도 했다. 정확히 얼마를 주고 샀는지 기억은 없지만 분명 외상 술값보다는 적었던 것 같다. 그 날 이후

『고가연구』는 나의 애장서가 되었고, 내 비록 국문학계의 말석에 자리하고 있지만 이 책의 서문을 읽으며 내 스스로 국문학 연구에 대한 소명의식을 가다듬게 된다.

바보계단

　연구실에 앉아 창밖을 내다보면 마치 대저택의 정원을 바라보는 것만 같다. 아니 잘 다듬어진 공원에 들어와 있다는 생각이 난다. 이른 봄이면 재빨리 산수유가 노란 꽃을 피우며 봄이 왔음을 알리면 나는 겨우내 어둠침침한 연구실의 창을 열고 밖을 보기를 좋아한다. 그리고 어느 날 노오란 꽃잎 사이로 파아란 잎이 나기 시작하면 창밖은 연분홍으로 바뀌면서 진해의 벚꽃마저 서러워 할 벚꽃 동산이 된다. 벚꽃은 피면서 지는 꽃이다. 이른 아침부터 바람이라도 부는 날이면 꽃보다 아름답게 펄펄펄 떨어지는 낙화의 윤무輪舞. 낙화는 은빛 지느러미처럼 번득이며 눈을 거쳐 가슴으로 내려앉는다. 나무 그늘이 모두 분홍 카펫을 펼친 양 포근하다. 나는 책 속으로 다시 들어갈 수가 없다. 연구실을 나와 벚꽃 그늘 아래 벤치에 앉는다. 저만큼 연구실에서는 잘 보이지 않던 영산홍이 새빨간 꽃을 무리지어 피어 있음을 본다. 그러나 내가 좋아하는 것은 꽃만이 아니다. 봄이 깊어지면서 앙상했고 멋없이 키만 자랑하던 메타세쿼이아에 비단보다 부드러운 새 잎이 몽실몽실 돋아날 때 나의 가슴은 바람난 소년처럼 들뜨기 시작한다. 월영동산의 봄은 화려하다.

그런데 기실 내가 좋아하는 월영언덕은 여름이다. 연구실 창밖에 고고하게 서 있는 오동나무가 큰 잎사귀를 펼치고, 메타세쿼이아가 하늘 높은 줄 모르게 자라고 있는 언덕이야말로 월영캠퍼스의 명물 중에 명물이기 때문이다. 여름 날 바람 한 점 없이 무더운 날, 메타세쿼이아 아래에 서면 하늘은 자취를 감추고 세상은 온통 푸르름으로 가득하다. 그리고 그 사이로 난 계단을 오르는 것은 즐겁다. 이름하여 바보계단.

바보계단, 얼마나 정겹고 멋있는 이름인가! 오늘처럼 바보가 사라지고 모두가 너무나 똑똑하여 영악하기 짝이 없는 시절에 바보로 살 수 있다는 것은 얼마나 인간적인가. 사실 이 길에는 시멘트 계단이 어울리는 것은 아니다. 그냥 맨땅을 꼬불꼬불 돌아 오를 수 있다면 훨씬 멋진 길이 되었겠지만 많은 학생들이 오르내리는 길이라 비라도 내리는 날이면 맨땅으로 버려두기에는 무리가 있으리라는 생각에 미치면 시멘트 계단을 용납하지 않을 수 없다. 그런데 재미있는 것은 계단의 간격과 높낮이가 일정하지 않아서 붙여진 이름이 바로 바보계단이다. 계단의 폭도 일정하지 않고, 높낮이도 들쭉날쭉하여 일정한 보폭으로는 걸을 수 없다. 어느 곳은 한 걸음에 어느 곳은 두 걸음을 걸어야 한다. 그런가 하면 어느 계단은 가볍게 오를 수 있는가 하면 어느 계단에서는 발을 높이 올려야 오를 수 있는 계단, 계단에 대한 우리의 일반적 상식을 완전히 무시한 계단이고 보니 '바보계단'임이 분명하다. 그리하여 이 계단을 오르기 위해서는 먼 곳을 보고 걷거나 한 눈을 팔고 오르다 보면 십중팔구는 계단에 걸려 넘어지게 마련이다. 따라서 이 계단을 오르기 위해서는 고개를 숙여 발끝을 보며 계단의 폭과 높이를 정확히 고려하여 오르지 않으면 안 된다. 또한 바보계단을 오르기 위해서는 허리를 조금 굽히고 고개를 숙여 발끝을 보고, 불규칙한 계단이라 일정하게 두 팔을 흔들고 걸을 수 없으므로 등짐을 지고 가다 서다를 하지 않으면 안 되는 것이다. 이러한 자세로 걷는 모습은 분명 어쩌면 소아마비를 앓아 짤록거리며 걷는 사람의 모습이거나 아니면 조금은 무언가 모자라는 바보의 모습과 흡사하리라. 이 계단을 오르는 바보의 모습은 또 다른 현자賢者의 모습이라 할 수도 있지 않겠는가. 그러고 보면 바보계단은 사색의 계단이며 철학자의 계단이라 이름해도 좋을 것이다.

철학자의 길이라면 저 유명한 헤겔과 야스퍼스, 그리고 괴테가 걸었던 하이델베르크의 좁은 골목길을 오르는 산책길이나, 일본 교오토의 긴카쿠지銀閣寺 옆을 따라 약 2km에 이르는 철학의 길을 연상할 수 있다. 하이델베르크의 철학자의 길은 걸어보지 못하였지만 교오토의 '철학의 길哲學の道'은 몇 차례 걸어본 적이 있다. 이 길은 일본 철학을 확립했다는 니시다 키타로西田幾多郎가 매일 같은 시간에 산책하여 주변 사람들에게 시계를 대신하게 했다던 바로 그 길이다. 긴카쿠지에서 시작하여 난젠지南禪寺로 이어지는 산책로인 이 길은 비와코琵琶湖에서 물을 끌어와 인공의 개울을 만들고 개울 옆에는 벚나무가 있어 봄에는 벚꽃으로 아름다운 거리이지만, 도시에 위치하고 있으면서도 조용하다는 것 말고는 이렇다 할 특징을 갖지 못한 소박한 산책로에 지나지 않음이랴. 그리고 보면 월영언덕의 바보계단은 일본의 '철학의 길'보다 운치가 있다. '철학의 길'에 비하여 그 거리가 짧음이 못내 아쉽다. 그러나 문과대학 뒤에서 시작되는 예순두 개의 바보계단을 쉬엄쉬엄 올라 자연대학 앞의 잘 다듬어진 향나무의 성성한 향내를 맡으며 사범대학 앞의 장미동산을 거쳐 한마관의 휴게실에 들러 커피를 마시며 잠시 땀을 식히는 것이다. 시간이 맞아 한마관

휴게실에서 낯익은 교수라도 만나 담소라도 할 수 있으면 더욱 제격이다. 휴게실을 나와 다시 도서관 뒷길을 따라 경상대학 앞의 늘어진 개나리 숲을 지나 오솔길을 따라 오다 다시 바보계단으로 내려오면 한 시간의 사색은 끝나게 된다. 이 짧지 않은 사색의 시간은 연구실의 어둡고 무거운 마음에서 해방되게 할뿐만 아니라 막혀있는 생각에 새로운 통로를 만들어 주는 것이다. 그렇다고 '바보계단'의 효용이 여름에만 있는 것은 아니다. 가을이 되어 메타세쿼이아가 누런 황금빛으로 물들기 시작하고, 선들바람이라도 부는 날 바보계단을 거닐면 머리는 한결 가벼워지면서 사색은 그 깊이를 더하게 되는 것이다. 나는 오늘도 쓰잘데 없는 사념으로 가득한 머리를 비워내고 생각의 깊이를 더하기 위하여 바보계단을 오르려 한다.

(1999)

선 물

 J선생, 계절의 여왕이라 불려지는 5월의 하늘은 맑고, 산들 또한 신록으로 가득하여 동요의 노랫말처럼 우리들 마음마저 파랗게 물들게 하는 계절일세. 그러나 다른 한편으로 가정의 달 5월은 어린이나 나이 많은 어른에게는 즐거운 계절이지만, 자네에게는 잔인한(?) 계절이라는 것을 나는 경험을 통해서 잘 알고 있네. 어린이날에는 멋진 아비노릇을, 어버이날에는 착한 효자노릇을 하기 위해 분에 넘치는 선물을 고르는 수고를 해야 하고, 거기에다 스승의 날이 있어 또 한 번 마음 써야 하기 때문에 차라리 5월이 없었으면 좋겠다고 푸념하는 세대가 자네들 아닌가.
 그런데 자넨 이번에도 내게 정성스런 선물과 함께 변변치 않은 선물을 보내어 죄송하다는 편지를 보냈더군. 그러나 나는 자네 편지와 선물을 받고 고마운 마음으로 자네의 고운 마음을 받아들였네. 그러면서 엉뚱하게도 장자莊子가 "사양하지 않음이 또한 겸손"이라 한 말을 생각했네. 요즘처럼 뇌물주기에는 혈안이 되어 있으면서 선물주기에는 인색한 사회에서 선물의 의미를 생각하게 했다네. 선물이란 아름다운 마음을 주는 것이지 어떤 물건을 주는 것이 아니라고 생각하네. 그러므로 선물에는 보내는 이의 고운 마음이 담겨져 있게 마련이고, 받는 이 또한 보내는 이의 고운 마음을 다소곳이 받아들이는 따뜻한 마음이 있게 마련이지. 그러고 보면 사양하지 않는다는 것은 보내는 이의 마음을 순수하게 받아들이는 것으로 이는 겸손의 미덕일 수 있지 않겠는가? 그러므로 이 세상에서 변변치 못한 선물이란 있을 수 없고, 아름답고 고귀한 마음의 표현으로서 선물만이 있게 마련이지. 마음이 없는 선물은 선물이란 이름을 뒤집어쓴 뇌물일 뿐이라고 말한다면 너무 과한 표현일까?

또 자네는 나를 존경하는 스승이라고 했더군. 그러나 생각해보게. 내가 자네만을 위하여 특별히 가르친 바 없거니와, 자네만을 유달리 사랑한 바 없고 보면 자네에게도 가장 평범한 선생일 수밖에 없지 않겠는가? 선생이란 모든 학생에게 똑같은 관심과 똑 같은 내용을 가르친다는 점에서 좋은 선생과 나쁜 선생이 있는 것은 아니라고 생각하네. 다만 좋은 학생과 그렇지 않은 학생이 있을 뿐이라고 하면 선생으로써 책임회피라는 비난을 받아야 할까? 같은 이야기를 해도 단순히 지식으로서만 받아들이는 사람이 있는가 하면 그와는 달리 지식을 넘어 삶의 의미로 받아들이고 스스로 감동하는 것은 결국 학생의 몫이 아니겠는가. 그러므로 좋은 학생은 스스로 좋은 스승을 만드는 것이 아니겠는가? 그러므로 선생으로써 가장 행복한 것은 좋은 학생에 의해 좋은 스승으로 새롭게 태어나서 제자의 가슴속에 자리하는 것이 아니겠는가? 그러고 보면 나는 참 복 많은 선생이라고 생각하네. 그러나 때로는 자네의 존경하는 스승이라는 말이 커다란 무게로 가슴을 짓누르는 것마저 끝내 외면하지는 않겠네. 자네가 보내준 선물과 편지에 대한 나의 답례가 너무 가벼운 것만 같아 미안하네. 그러나 자네는 지금도 역시 좋은 학생이니까 나의 가벼운 답례를 웃으며 받아들일 것이라 믿네. 그럼 안녕.

(1998)

광야에서

　나이가 들면서 내 자신의 왜소함을 자꾸만 느끼게 된다. 이런 생각은 어떤 의미에서는 내가 그만큼 성숙했다는 의미일 수도 있고, 아니면 나의 능력에 대한 한계를 깨닫게 되었기 때문인지도 모른다. 특히 산을 오르기 시작하면서 내가 살아 온 세월을 반추할 때 조급하게 앞만 보고 살아온 자신이 초라하기 짝이 없었다. 이런 생각은 지난여름 옛날의 만주(중국의 동북지방)지방을 여행하면서 더욱 절실해졌다.
　만주, 그 곳은 내게 하나의 동경이었다. 그 동경의 원인은 내가 한 번도 보지 못한 낯선 이국이라서가 아니라 그것은 내 마음 속에 자리하고 있던 시원始原인지도 모른다. 나는 일찍부터 만주의 풍경을 그린 한 폭의 그림을 통하여 만주벌을 내 마음 속에 키워가고 있었음을 알고 있었다. 황량한 그러면서 눈 덮인 광야에 외롭게 서 있는 한 그루의 소나무, 「세한도歲寒圖」를 닮은 그림. 고독과 마주하면서 고절을 지키는 모습, 그것이 바로 내게 각인된 만주벌이었다. 그리하여 만주에서 고독을 만끽하고, 외롭게 살다간 사람의 그림자를 찾아보고 싶었다. 그리고 웅대한 자연 앞에 나를 내놓고 싶었던 것이다. 그런가 하면 일제말기 만주문학에 대한 관심, 이를테면 이기영의 「대지의 아들」과 같은 만주개척민소설에 관심을 가지면서 만주 땅을 내 눈으로 확인하고 싶었다.

내가 만주벌에 첫 발을 내려놓은 곳은 장춘長春. 8월의 폭염 속에 나무 한 그루 없는 허허벌판에 아무런 시설도 없는 공항에 내리는 순간 한기를 느낄 만큼 몸속으로 파고드는 감회, 이곳이 바로 일제의 만주지배의 중심지였던 신경新京이라는 사실이 나의 가슴을 엄습해왔다. 나는 이곳에서 서럽게 살다간 사람들의 모습을 떠올리고 있었다. 나는 거리를 나섰다. 거리는 한산했다. 그러나 여기 저기 보이는 것은, 지금은 이름을 달리하고 있지만 일제가 그들의 야욕을 불태우던 건물들이 고스란히 아픈 상흔으로 남아 있었다. 관동군 사령부, 만주은행, 만주국의 허수아비였던 어린 황제 부의溥儀가 살았던 황궁을 보는 나의 가슴은 분노와 서러움으로 차올랐다. 무슨 까닭일까? 일본에 체재하고 있을 때는 느끼지 못했던 이 감정을 어떻게 설명해야 하는가? 가난하고 못난 민족의 뼈아픈 회한이 가슴을 친다.

　해 늦은 오후 나는 장춘에서 하얼빈행 열차를 탔다. 장춘에서의 울적함은 기차를 타고 광막한 벌판을 달리는 동안 얼마만큼 가셔지고 있었다. 끝없이 펼쳐지는 들판을 배경으로 황혼은 붉게 물들고 있었고, 나의 가슴은 거대한 자연의 아름다움에 전율하고 있었다. 세 시간여에 걸쳐 초원과 콩밭, 옥수수 밭을 지나면서 나의 마음은 다시 안정을 찾았는가. 했더니 불현듯 눈앞에는 남부여대하여 이곳을 찾아 들었던 우리들 할아버지와 이 광야에서 말달리며 조국의 독립을 꿈꾸던 독립군의 모습이 떠올랐다. 나는 창밖의 어둠을 밀어내고 하얼빈 역두에 초라하게 서있는 안중근의사의 의거비를 하염없이 바라보았을 뿐이다.

　다음날 아침, 눈을 뜨고 창밖을 보니 숱한 사연을 간직하고 있는 송화강은 유유히 흐르고 있었다. 거리를 나섰다. 동북지방의 중심지로서 위용과 함께 거리는 복잡했다. 러시아풍의 건물과 잘 다듬어진 돌로 포장된 거리는 이국 속의 이국의 정취를 자아내고 있었다. 그러나 나의 마음은 가볍지만은 않았다. 나는 또다시 아픈 상처를 찾아 나섰다. 이름하여 일본 제731부대 죄증진열관을 찾았다. 인간이 얼마나 잔인할 수 있는가를 증언하고 있는 곳, 일본군의 세균연구반(731부대)이 페스트균의 증식과 생체실험을 위하여 중국인, 조선인을 '모르모트'로 사용한 살육공장을 나는 보았다. 그곳에는 이미 인간이란 없었다. 나는 눈을 감았다.

만주, 그곳에서 나는 비로소 '비정의 하늘'을 보았으며 그곳이 바로 '절명지'였음을 확인할 수 있었다. 나는 거기에서 아픈 가슴을 안고 북만지방을 방황하던 청마 유치환을 생각했다.

 흥안령 가까운 북변의
 이 광막한 벌판 끝에 와서
 죽어도 뉘우치지 않으려는 마음 위에
 오늘은 이레째 암수의 비 내리고
 내 망난이에 본받아
 화툿장을 뒤치고
 담배를 눌러 꺼도
 마음은 속으로 끝없이 울리노니
 아아 이는 다시 나를 과실함이러뇨
 이미 온갖을 저버리고
 사람도 나도 접어주지 않으려는 이 자학의 길에
 내 열 번 패망의 인생을 버려도 좋으련만
 아아 이 회오의 앓음을 어디메 호읍號泣할 곳 없어
 말없이 자리를 일어나와 문을 열고 서면

나의 탈주할 사념의 하늘도 보이지 않고
정거장도 이백 리 밖
암담한 진창에 갇힌 철벽같은 절망의 광야!
　　　　　　　　　　－청마,「광야에 와서」

　그러나 지금 만주는 지금 깨어나고 있었다. 거대한 자연은 인간의 부정과 불의를 스스로 정화시키는 힘을 보여주고 있었다. 그것은 곳곳에서 벌어지는 도시건설이 절명지에 새로운 삶의 터전을 일구고 있었고, 끝없이 펼쳐지는 벌판과 지금도 호랑이가 사람을 물고 가는 거대한 삼림지대, 그리고 그보다도 목단강에서 만난 조선족 청년의 모습에서, 참외밭에서 참외를 건네주던 소년의 순한 눈빛에서 지금은 가난하지만, 자기의 삶에 자족하는 밝고 건강한 삶을 나는 보았다. 나는 광야에 서서 다시금 나의 욕망과 아집 속에 사라져간 많은 것들을 눈물겹게 반추해 본다.

　　　　　　　　　　　　　　　　　　　　(2001)

낮은 목소리

 인간의 생활에서 말(언어, 대화)이 없어진다면 어떤 변화가 일어날까 하고 엉뚱한 생각을 가끔 해본다. 그 때는 벙어리가 신이 나서 살맛이 날 것이고, 귀머거리는 자기 세상이라고 박수를 칠 것이다.

 그러나 가만히 우리의 일상생활을 들여다보면 말하지 않고 가만히 지내는 시간이 얼마나 많은가. 그것이 단순히 혼자 있기 때문이 아니라 단둘이, 아니면 여러 사람과 함께 있으면서도 아무런 말이 없는 때가 얼마나 많은가를 생각해 보면 말이란 고작 우리 생활의 아주 작은 부분일지도 모른다는 생각이 드는 것이다. 그리하여 요즘 나는 말없는 사람들을 보면서 더할 수 없는 정겨움을 느끼는 것이다.

 어쩌다 아침 일찍 집 앞을 나섰다가 아침 산책을 나온 말없는 노년의 부부를 보면 삶의 무게와 함께 그것을 다소곳이 이겨낸 모습이 얼굴 가득 담겨 있어 정겹다 못하여 경건한 마음이 들고, 일요일이 되어 산행이라도 가보면 가족끼리, 아니면 가까운 친구들과 어울려 묵묵히 산을 오르는 사람들의 모습에는 원색의 등산복만큼이나 밝고 아름다움으로 가득하다. 그리고 가볍게 오가는 낯모르는 사람끼리의 눈인사는 박하사탕처럼 청량하다. 그리고 낚시터에라도 들르면 거기에는 처음부터 말은 사라지고 낚싯대 끝에 매달린 침묵이 잉어의 비늘처럼 빛나는 것이다.

그런데 요즘 거리에만 나서면 거리는 온통 말로 가득하고 말은 방향과 색깔과 향기를 잃어버리고 방황하고 있는 것을 본다. 언제부터인가 우리 주변에는 '목소리 큰 놈(?)이 이긴다.'는 말이 있고 난 뒤부터 '소곤소곤'이란 정겨운 우리말은 용도를 잃어버렸고, 정다운 사람들과 '소곤소곤' 이야기하는 모습은 찾아보기 어렵게 되었다. 그리고 실제로 '목소리 큰 놈(?)이 이기는 세상'이 되고 말았다. 요즘처럼 복잡한 거리에 차를 몰고 가다 보면 이곳저곳에서 차를 세워 놓고 싸움을 하는 광경을 자주 보게 되지만, 어느 누구 하나 조용히 자신의 잘못을 시인하는 사람은 없다. 거기에는 오직 목소리 큰 사람이 잘한 사람이고 목소리가 낮은 사람은 잘못을 송두리째 뒤집어쓰는 것이 다반사다. 그리하여 항간에는 초보운전자에게 운전하다 접촉사고가 나면

무조건 큰소리로 상대방을 윽박지르라고 교육까지 시킨다고 하지 않는가. 며칠 전이었다. 20여명이 한꺼번에 생선 횟집에 들렸다. 주문을 하고 거의 한 시간이 되어도 음식이 나오지 않아 몇 사람이 여러 차례 독촉을 했지만 별다른 반응이 없자 누군가 '목소리 큰 놈(?) 나가봐' 라고 하여 좌중을 웃겼던 것이다. 이쯤 되고 보니 거리에서, 찻집에서, 그리고 술집에서 말은 의미를 상실하고 거대한 소리만이 무리를 지어 제자리를 찾지 못하고 허공을 떠돌고 있는 것이다. 그리하여 말을 사랑하고 사람을 이해하려 애쓰고, 다른 사람으로부터 이해를 구하고자 하는 사람들은 말을 잃어버리고 벙어리가 되고, 귀머거리가 되어 혼탁한 거리에서, 찻집에서, 술집에서 자취를 감추고 있는 것이다.

낮은 목소리로 정다운 사람들과 소곤소곤 이야기하는 사람과 그것을 다소곳이 귀담아 들어주는 사람들은 모두들 어디로 간 것일까? 어느 깊숙한 산 속으로 숨어버렸거나, 아니면 어린 시절 숨바꼭질을 하듯 시골집 헛간 속에나 낟가리 속에 갇혀 있거나, 사랑하는 사람들과 함께 양지볕 초가집 안방 깊숙이 나래를 깃들이고 있는 것일까? 낮은 목소리로 자신의 가슴 깊은 곳에 묻어둔 이야기를 들려주는 사람이야말로 진정 우리의 이웃일 수 있는 것은 아닐까? 남의 이야기를 다소곳이 귀 기우려 들어줄 수 있는 사람이야말로 내 마음 모두를 주고 사랑할 수 있는 사람이 아닐까? 그리고 밤 깊어 혼자 있을 때 자신과 소리 없는 이야기를 끝없이 주고받을 수 있는 사람은 진정 행복한 사람이 아닐까? 이런 사람이야말로 분명 우리 시대 고독한 영웅일 것이다.

(1998)

결혼, 그 아름다운 출발

4월은 아름다운 여인의 눈 속에서 사랑을 머금고 피어난다는 말이 있습니다. 이 좋고 아름다운 사랑의 계절에 신랑 A군과 신부 B양이 양가 부모님과 일가친척, 그리고 많은 하객을 모신 가운데 결혼식을 올리게 된 것을 진심으로 축하해마지 않습니다.

그리고 오늘이 있기까지 이들을 가르치고 길러서 새로운 가정을 이룰 수 있도록 애써주시고 이제 아름답고 훌륭한 며느리와 사위를 맞게 된 양가 혼주님께도 축하의 인사를 드립니다.

또한 공사간 다망하심에도 불구하고 오늘 새로운 인생을 출발하려는 신랑 신부의 앞날을 축복해주시기 위하여 멀고 가까움 가리지 않으시고 이렇게 찾아주신 하객 여러분께 신랑 신부, 그리고 양가 혼주를 대신하여 감사의 뜻을 전합니다.

　결혼이란 우리 인간의 삶 가운데 가장 값지고 의미 있는 일이라는 것은 아무도 부인하지 않을 것입니다. 인간의 삶을 한마디로 요약하여 말한다면 이 세상에 태어나서 부모의 사랑 속에 자라나서 결혼하여 새로이 가정을 이루고 살다가 마침내 죽음에 이르는 것이라 할 때, 탄생과 죽음은 우리들 인간의 의지와는 아무런 관계가 없고, 다만 신의 섭리에 따라 이루어지는 것입니다. 그러므로 우리가 탄생이나 죽음을 운명으로 받아들이고 있는 것입니다.

　그러나 결혼이란 인간의 의지에 의하여 이루어지기 때문에 그에 따른 책임과 의무는 전적으로 인간에게 있는 것입니다. 그러면서도 인간의 만남, 특히 많고 많은 사람들 가운데 부부로 만난다는 것은 우연한 만남이 아니라 '운명적 만남'이라 하지 않을 수 없습니다. 이 '운명적 만남'이야말로 바로 신의 섭리인 것입니다. 그러므로 이 자리는 단순히 두 젊은 남녀의 만남의 자리가 아니라 신의 섭리에 따라 인간의 의지를 확인하고 그것을 다짐하는 엄숙한 자리인 것입니다. 그러므로 결혼이야말로 수많은 인간사 가운데 가장 엄숙하고 성스러운 의식인 것입니다.

　사실 저는 신랑 A군을 잘 모르고 있습니다. 그러나 저는 신랑 A군을 신뢰하고 훌륭한 남편, 아들, 그리고 사위일 것을 굳게 믿습니다. 이러한 믿음의 근거는 그가 한국 최고의 명문대학교를 나왔기 때문도 아니고 장래가 촉망되는 의사이기 때문도 아닙니다. 그것은 무엇보다도 제가 믿고 있는 신부 B양이 그를 남편으로 선택했다는 사실입니다. 저는 B양의 현명함을 잘 알고 있습니다. 신부 B양은 시인의 눈을 가지고 세상을 보고 있습니다. 시인은 사물의 현상을 보는 것이 아니라 현상을 뚫고 그 속에 감추어진 사물의 본질을 볼 수 있는 예지의 눈을 가지고 있기 때문입니다. 따라서 B양을 신뢰하는 저로서는 B양이 진정으로 사랑하고 존경하여 자신의 남편으로 선택한 A군을 좋아하지 않을 수 없습니다. 그리고 또 다른 하나는 신랑 A군은 여러 형제들과 더불어 자랐다는 점입니다. 여러 형제와 더불어 산다는 것은 어려서부터 '함께 사는 법'을 몸으로 익혔다고 할 수 있습니다. 오늘날 우리 사회가 안고 있는 많은 문제 가운데 가장 큰 문제는 독선과 아집, 그리고 지나친 이기심이라 하지 않을 수 없습니다. 이런 현상은 홀로 자랐거나 높은 지식의 소유자일수록 더욱 심한 것입니다. 그러나 여러 형제들과 어울러 '함께 사는 법'을 배운 신랑 A군은 겸손과 양보, 그리고 인간을 이해할 수 있는 따뜻한 가슴을 지니고 있다고 확신합니다.

　우리가 세상을 산다는 것은 전문적 지식이 아니라 건강

한 상식에 바탕을 둔 인간 이해에서 가능한 것입니다. 전문적 지식이란 삶의 수단은 될 수 있지만 그것만으로 인간다운 삶은 이루어질 수 없는 것입니다. 이렇게 볼 때 신랑 A군이야말로 우리 시대의 가장 이상적 신랑임에 틀림없습니다. 그리고 보면 이들 신랑 신부의 만남은 '운명적 만남'이며, 이들의 앞날은 사랑과 믿음과 이해에 바탕한 이상적 부부로 살아가리라는 것은 분명합니다. '연애란 적당한 짝을 찾는 과정이고 결혼은 적당한 짝이 되는 것이라'는 말처럼 이들 부부는 지금까지 서로의 짝을 찾기에 성공했고, 이제부터 서로에게 적당한 짝이 되어 모든 이의 선망의 대상으로 살아갈 것입니다.

　이제 새로운 삶을 출발하려는 신랑 A군과 신부 B양은 명문대학을 함께 다닌 캠퍼스 커플입니다. 그러므로 이들 부부야말로 한국 최고의 지성인임에 틀림없습니다. 따라서 이들은 오랜 만남을 통하여 사랑과 결혼, 그리고 새로운 삶에 대하여 많은 생각을 했을 것이고, 그 결과 확실한 신념과 인생에 대한 설계가 충분히 확립되어 있으리라 믿고 있습니다. 그러므로 이들에게 결혼의 의미와 살아갈 도리를 이야기하는 것은 부질없는 일이라 하지 않을 수 없습니다. 그러므로 이 자리는 새로운 출발을 앞두고 신랑 신부와 함께 결혼의 의미를 생각해 보고 스스로 다짐하는 자리가 될 수 있기를 기대해 봅니다.

먼저 결혼이란 서로 다른 환경에서 살아온 두 남녀의 결합이라고 하겠습니다. 여기에서 두 남녀의 결합을 가능케 한 것은 바로 사랑입니다. 그러므로 결혼이란 '사랑의 실천'입니다. 사랑이란 참으로 어려운 일입니다. 러시아 속담에 "싸움터에 갈 때는 한 번 기도하라, 바다에 갈 때는 두 번 기도하라, 그리고 결혼을 할 때는 세 번 기도하라."고 이르고 있습니다. 이것은 성공적 결혼의 어려움을 이야기하는 것이며, 동시에 사랑을 실천하는 것은 기도하는 마음이어야 함을 말해 주는 것이라 할 수 있습니다.

사랑은 저절로 얻어지는 것이 아니고 상대방이 일방적으로 베풀어주는 것은 더욱 아닙니다. 진정한 사랑은 창조적이고 예술적인 것이어야 합니다. 하나의 예를 들어 보겠습니다. 강이나 들판에 아무렇게나 버려져 있는 바위를 갈고 다듬어 탑을 이루는 정성이 바로 사랑이요 예술인 것입니다. 돌을 모으고, 이를 갈고 다듬는 행위는 즐거움이나 유쾌한 일만은 아닐 것입니다. 그러나 탑을 만들어야 한다는 정성이 이를 참고 견디게 하는 것이며, 온갖 고통과 시련 뒤에 완성된 탑을 바라볼 때의 행복감이 참사랑입니다. 결혼한다고 세상이 바뀌어지는 것은 아닙니다. 다만 서로 다른 공간에서 그리워하던 사람이 즐거움과 고통을 함께 하면서 보다 큰 삶을 지향하려는 구도적 자세에서 얻어지는 법열과 같은 것이 부부의 참사랑인 것입니다. 그리하여 두 사람의 사랑이 아름다운 예술로 승화될 수 있도록 스스로 다짐하고 노력하여야 하겠습니다.

그리고 참사랑은 샘물과 같이 변함이 없어야 합니다. 좋은 샘물이란 가뭄에 마르지 않고 장마에 넘치지 않습니다. 그리고 타는 목마름을 녹여줄 뿐이지 자극적이지 않습니다. 그리고 모든 더러움까지도 정화시켜주는 것입니다. 그러므로 부부의 참된 사랑은 겉으로 서늘하고 안으로 뜨거워야 하며, 감각적이지 않고 서로를 이해하고 포용하여 모자라는 부분을 채워줄 수 있어야 할 것입니다.

다음으로 결혼이란 하나의 가정을 이루는 일이기도 합니다. 가정이란 단순히 부부만의 삶의 공간이 아니라 부모형제와 자녀들이 함께 하는 최소의 사회를 의미합니다. 그러므로 거기에는 법도가 있게 마련입니다. 부모에게 효도와 공경을, 형제간에 우애와 화목을, 자녀에게 자애를 베푸는 것이 기본적 법도이며 이 법도를 지킬 때 가정은 화목할 수 있고 온전한 가정으로 자리할 수 있는 것입니다.

진부한 표현이지만 한 가정을 한 그루의 나무에 비유하여 부모가 나무의 뿌리라면 형제는 나무의 가지이고, 자녀는 아름다운 열매라 할 수 있습니다. 그러므로 부모에게 효도하고 형제간에 우애를 중히 하는 것은 기실 부모를 위함만도, 형제를 위함만도 아니라 오히려 자기 자신을 위하는 일이며 사랑스런 자녀를 위한 터 닦음임을 명심해야 할 것입니다. 부모의 마음이 편치 않고 자식의 마음이 편할 수 없음은 당연한 일이며, 형제간에 화목하지 않고 자신만의 행복을 기대할 수 없음 또한 당연한 것입니다. 최근 우리의 주변을 돌아보면 부모께 효도하는 것을 자기의 삶에 커다란 짐으로 생각하거나, 아니면 잡비의 일부를 보태는 것으로 효를 행한 것처럼 생각하는 경향이 없지 않음을 볼 때 안타까운 마음 금할 길 없습니다.

옛 말에 견마지양犬馬之養이란 말이 있습니다. 개나 말들도 어미가 늙으면 먹이를 가져준다고 합니다. 먹고 입는 것을 풍족하게 하는 것이 효가 아닙니다. 진정한 효는 시대마다 다를 수밖에 없지만 그 출발은 부모와 형제가 궁금함이 없게 하는 것이라고 생각합니다. 자주 부모형제를 찾아뵙는 일이 효와 우애를 유지하는 첩경이라고 믿습니다. 그런데 사회생활을 해야만 하는 신랑과 신부의 생활은 매우 바쁜 나날을 보내게 될 것입니다. 그러므로 직접 부모형제를 찾아뵙는다는 일은 생각만큼 쉽지 않으리라는 것을 잘 압니다. 그러나 부모님의 궁금증은 전화나 이메일로 풀어드릴 수도 있을 것입니다. 자신의 스케줄 가운데 일정한 요일을 정하여 놓고 전화 걸기 혹은 이메일 보내기를 생활화한다면 신랑 A군은 훌륭한 아들이 될 것이고, 백년지객百年之客이 아닌 아들과 같은 사위로 자리할 것이며, 사려 깊은 동생으로 남을 것이며, 신부 B양 역시 출가외인出嫁外人으로서가 아니라 언제나 착한 딸로 남을 것이며, 동시에 착하고 예쁜 며느리, 손윗사람을 중히 여기는 동서가 되어 모든 사람의 신뢰와 사랑을 받게 될 것입니다.

다음으로 우리가 삶을 영위한다는 것은 가정이란 테두리에서 이루어지는 것만은 아닙니다. 우리는 사회라는 커다란 공동체 속에서 남과 더불어 살아가게 마련입니다. 사회라는 공간에서 타인과 더불어 산다는 것은 어떤 의미에서 치열한 경쟁을 뜻하는 것이기도 합니다. 남과의 경쟁이란 성공과 패배로 양분되는 것이 아니라 자기 능력을 확인하고 자신의 성숙을 위한 과정이기도 합니다. 그러므로 경쟁이란 따지고 보면 남과의 경쟁이라기보다는 자신과의 싸움이라는 자각이 필요한 것입니다. 그러므로 항시 자신의 나태함과 자만에 대하여 경계하지 않으면 안 될 것입니다. 그리하여 항상 자중 자애하여 어느 자리에서나 자신의 능력을 발휘할 수 있고, 다른 사람으로부터 자신의 능력에 합당한 인정을 받을 수 있다면 성공한 삶이라 할 수 있을 것입니다. 이처럼 자신과 남으로부터 인정을 받기 위해서는 무엇보다 먼저 현실에 충실해야 할 것이며, 동시에 현실에 만족하지 않고 앞날을 위해 자기개발이 필요하다는 사실을 명심하여야 할 것입니다.

 인간의 삶이란 그렇게 만만한 것은 아닙니다만 그렇다고 두려워할 것도 아니라고 믿고 있습니다. 인생이란 어떤 의미에서 보물찾기와 같은 것이 아닐까 합니다. 이 세상에는 우리가 알지 못하는 숱한 보물들이 감추어져 있습니다. 그런데 문제는 보물을 찾으려는 우리들 자신의 태도입니다. 보물을 많이 찾을 수 있는가 그렇지 못한가는 전적으로 찾으려는 사람의 의지와 노력의 결과인 것입니다. 성실하고 진지한 자세로 보물찾기에 평생을 투자한다면 이 세상 누구도 갖지 못한 자신만의 보물을 갖게 될 것입니다. 그리하여 자신이 지니고 있는 보물에 나름대로 의미를 부여할 수 있다면 일생동안의 보물찾기는 성공한 것이라 할 수 있을 것입니다.

 지금까지 우리는 결혼과 그 의미에 대하여 생각해 보았습니다. 인생이란 결국 스스로 길을 닦으며 자신이 만든 길을 성실히 가는 것이고, 자신이 걸어온 길에 의미와 가치를 부여할 수 있다면 그 삶은 분명 아름답고 가치 있는 삶이었다고 말 할 수 있을 것입니다. 그리고 때로는 삶이 힘들 때 처음 사랑을 고백하던 때를, 그리고 오늘 이 자리에서의 다짐을 기억한다면 새로운 힘이 샘솟을 것입니다. 이제 아름다운 꿈을 갖고 새롭게 출발하려는 신랑과 신부의 앞날에는 항상 보람 있는 날들로 가득하리라 확신하면서 기쁜 마음으로 주례사를 마치고자 합니다.

　감사합니다.

(2001)

초원, 화산 그리고 온천
- 규슈 여행기 -

J형.

그간 잘 지내고 계시겠지요? 일본으로 떠날 때는 벚꽃이 피던 시절이었으나 지금은 더위가 기승을 부리는 한 여름입니다. 여름휴가를 이용하여 차 한 대를 빌려 규슈지역을 한 바퀴 돌아보기로 했답니다.

당신은 한 차례 일본 규슈지방을 다녀 본 적이 있다고 했지요. 그래서 규슈하면 머릿속에 떠오르는 것은 벳부別府의 온천과 아소산阿蘇山의 화산, 그리고 드넓게 펼쳐진 초원을 생각하시겠지요. 그러나 그러한 생각은 틀림없지만, 실제로 규슈를 돌아보면 우리가 생각하는 것과는 상당히 다른 모습을 보게 됩니다.

규슈를 둘러보기 위하여 우리는 2박 3일의 가족여행을 떠났습니다. 이번 여행을 위해서 며칠 동안 여행에 관한 자료와 지도를 보면서 여행 스케줄을 만들었습니다. 어쩌면 해외의 가족여행으로는 이번이 마지막이 될지도 모른다는 생각에 약간의 모험까지 감내하며 렌트-카를 이용하여 시간을 최대한으로 활용하려고 했습니다. 그래서 지난 6월 30일 아침 7시, 후쿠오카福岡를 출발하여 고속도로를 달렸습니다. 하늘에는 구름이 조금 끼었지만 관광하기에는 적당한 날씨였습니다.

한 시간 반을 달려 벳부別府를 한 눈에 바라 볼 수 있는 전망대 휴게소에 차를 세웠습니다. 전망대에서 내려다보는 벳부는 아름다웠습니다. 활처럼 굽어진 만灣을 끼고 정겹게 자리하고 있는 아늑한 도시. 멀리 마을의 굴뚝에서 연기처럼 피어오르는 온천지대의 증기. 푸른 바다와는 달리 짙은 초록으로 감쌓인 산야, 점점이 떠 있는 구름, 이런 것들이 한데 어우러져 벳부만이라는 한 폭의 그림 같은 분위기를 만들고 있었습니다. 우리는 벳부시내에 들러 <바다지옥>과 <귀신지옥>을 둘러보고 야자수 가로수로 가득한 시내를 돌아 유후인由布院으로 떠났습니다.

하늘은 점점 구름으로 먼 산을 가리고 있었습니다. 유후인을 가는 길은 좁은 국도라 운전에 신경이 쓰였지만 차창 밖으로 펼쳐지는 자연의 아름다움은 운전의 위험을 충분히 감내할만한 가치가 있었습니다. 가는 도중 울창한 숲은 눈을 어지럽게 하다가 어느 순간 푸른 초원으로 바뀌곤 하여 몇 번이나 가던 길을 멈추고 차에서 내려 자연의 아름다움에 감탄하곤 했습니다. 1시간을 달려 우리는 유후인에 도착하였습니다. 유후인은 규슈에 와서 얼마 되지 않아 혼자서 마차를 타고 아기자기한 상점으로 눈길을 끄는 작은 골목길 다니는 것이 일품이고, 아담한 찻집에서 창밖으로 오가는 사람들을 바라보며 차를 마신 일이 있었지요. 그런데 이번에는 시간이 없어 그 곳에서는 긴린고金隣湖라는 호수만을 보고 비로소 규슈 관광의 하이라이트라 할 수 있는 야마나미하이웨이山波High-Way를 달리기 시작했습니다. 하늘은 더욱 구름으로 가득하고 먼 산은 시야에서 사라지기 시작했습니다. 일망무제로 펼쳐지는 규슈의 아름다운 고원을 바라볼 수 없는 것이 안타까웠습니다.

한다고엥飯田高原의 휴게소에 도착하자 비가 내리기 시작했습니다. 그렇게도 비가 오지 않아 애태우던 날씨가 모처럼 떠난 여행을 방해하는 것이었습니다. 그럼에도 불구하고 눈앞에 펼쳐지는 자연은 한 폭의 그림이었습니다. 푸른 초원과 깊은 구릉, 그 가운데서 한가롭게 풀을 뜯는 말과 소의 무리. 그냥 차를 멈추고 시간 가는 줄 모르고 바라보고 싶은 기분이었습니다. 그러나 초행길인데다 아소阿蘇에 도착하여 둘러보아야 할 곳이 많기에 아쉬운 발걸음을 옮기지 않을 수 없었습니다. 아소가 바라보이는 전망대는 일본 천황이 이곳에서 아소의 아름다움을 감상했다는 기념비가 세워져 있었으나 안개로 아소를 대표하는 다섯 개의 산인 아소오악阿蘇五岳은 전혀 보이지 않았으니 그 안타까움을 무엇이라 할 수 있을까요. 내가 몹시 아쉬워하자 아이들은 "그래도 정말 좋다."고 위로해 주었습니다.

  아소에 도착하여 아소산의 살아 있는 화산을 보기 위하여 아소중악阿蘇中岳으로 향했습니다. 길을 구별하기 어려울 정도로 짙은 안개가 앞을 막았습니다. 도중에 가는 것을 포기할까 하는 생각까지 했으나 언제 다시 올 수 있을지도 모르는 길이라 쿠사천리草千里 전망대에서 차를 멈추고 안개가 걷히길 기다렸으나 마냥 기다릴 수가 없어 무리하여 산을 오르기 시작했습니다. 중악中岳에는 바람이 불어 안개를 걷고 우리를 맞아주었습니다. 안개와 화산에서 피어오르는 분연噴煙이 어우러져 계곡은 안개로 가득했습니다. 아쉬움을 남기고 산을 내려 왔습니다. 아무래도 쿠사천리는 볼 수 없고, 아소를 상징하는 고메츠카米塚도 볼 수 없다는 생각이 발걸음을 무겁게 했습니다. 그런데 행운이랄까 안개가 바람에 밀려나가면서 고메츠카가 그 고운 얼굴을 잠시 드러내었습니다. 차에서 내려 안개로 가려진 고메츠카를 사진에 담았습니다. 아소의 모든 것을 보지 못한 채 아소신사를 보고 호텔로 가지 않을 수 없었습니다. 호텔의 노천온천에서 아소산을 볼 수 있다고 하여 이 호텔을 정하였으나 이 또한 안개로 피로한 몸을 씻는 것으로 만족해야만 했습니다.

다음 날 아침, 날씨는 역시 흐렸습니다. 날씨가 맑으면 대관봉大觀峰이란 곳을 가서 아소오악을 볼 계획이었으나 포기하고 곧바로 구마모토熊本로 출발했습니다. 오늘의 운전은 막내가 맡았습니다. 약 1시간을 달려 구마모토에 도착하여 수젠지水前寺 정원을 둘러보았습니다. 십여 년 전 일본에 머물고 있을 때 일본의 유명한 정원을 찾아다닌 적이 있습니다만 일본은 정원의 나라라 할 만큼 아름다운 정원이 많은 곳이지만 규슈에서 가장 뛰어난 정원이란 이름에 걸맞게 아름다운 정원이었습니다. 아름다움에 취한 채 다시 구마모토성을 보기 위하여 떠났습니다. 구마모토의 역사를 한 눈에 볼 수 있는 전시장과 구마모토시를 잠시 내려다보고 다시 아마쿠사天草로 떠났습니다. 다섯 개의 섬을 다섯 개의 다리로 연결하고, 주변에 점점이 떠있는 섬들을 둘러볼 수 있는 곳이 아마쿠사의 마츠시마松島라는 곳입니다. 가는 도중 미수미항三角港에 들러 우리가 오늘 밤 머물 시마바라島原로 가는 페리의 출발항에서 표를 사고, 마츠시마로 가서 마츠시마의 섬들을 둘러보았습니다. 역시 안개로 멀리 떠 있는 섬들은 아득하게만 느껴졌습니다. 그것은 마치 멀리 떠나와 그리운 사람을 그리워하는 마음처럼 감미로우면서도 안타까움을 함께 불러일으켰습니다. 그리고 다시 미수미항으로 돌아와 페리에 차를 싣고 한 시간 바다여행을 했습니다. 만일 날씨가 좋았다면 낙조를 보며 바다여행을 하는 것은 얼마나 낭만적인 일이겠습니까? 그러나 날씨는 나그네의 희망을 꺾어버렸습니다. 그러나 항구를 떠나면서 다시 한 번 점점이 떠 있는 섬들을 바라보면서 베트남의 하롱베이를 생각했습니다. 한 시간의 항해 끝에 저녁 무렵 시마바라에 도착했습니다. 바다에 연하여 있는 호텔에 도착하니 중국 상해에서 중학생들이 수학여행을 와서 조금은 소란스러웠습니다만, 안개로 가득한 바다를 보는 것은 또 다른 정취를 풍겨주었습니다. 이 호텔의 특징은 방에서나 노천온천에서 일출日出을 볼 수 있다는 것인데 구름으로 가득한 하늘은 우리에게 그 아름다운 정경을 허락하지 않았습니다. 그냥 노천온천에서 파도소리를 들으며 온천하는 것으로 만족하지 않을 수 없었습니다.

 이제 마지막 날이 밝았습니다. 하늘은 역시 짙은 구름으로 가득하고 멀리 화산으로 새롭게 형성된 헤세이신산平成新山은 보이지 않았습니다. 이번 여행에서 가장 기대했던 곳이기도 한 운젠 온천雲仙溫泉을 재대로 볼 수 없을 것만 같아 마음이 편치 않았습니다. 운젠온천에 대한 나의 관심에는 사연이 없지도 않습니다. 지금부터 10여 년 전 일본에 머물고 있을 때 운젠화산이 폭발하여 주위 마을을 용암이 뒤덮어 아수라장을 이루어 마치 지옥을 방불케 하던 모습을 TV를 통하여 며칠 보아왔기 때문에 그 때의 기억과 함께 화산의 위력과 그 이후 새로운 마을을 보고 싶었던 것입니다.

아침에 시마바라성을 보고, 후게야시키武家屋敷라는 옛날 사무라이가 살았던 집들을 둘러보고 운젠으로 향했습니다. 산 중턱을 오르자 울창한 숲만으로 길이 어두운데 짙은 안개까지 끼어 한 치 앞을 분간할 수 없을 정도였습니다. 네비게이션이 없었다면 초행길인 제가 운전할 수 없을 만큼 짙은 안개로 가득했습니다. 마을에 들어섰으나 마을인지조차 모를 정도였습니다. 겨우 주차장에 차를 세우고 안개를 헤치고 <운젠지옥>을 둘러보았습니다. 정말 지명地名 그대로 지옥 속을 거니는 듯 한 느낌이었습니다. 유황 냄새로 가득한 길을 걸으며, 다양한 온천수를 보았습니다. 그리고 땅 속에서 부글부글 끓고 있는 소리를 들으면서 화산지대의 특징을 알 수 있었습니다. 이 지역이 이렇게 안개가 심한 것은 지금도 땅 속에서는 용암이 끓고 있기 때문에 더운 공기와 비가 만나서 짙은 안개를 만들어내기 때문입니다. 그러므로 잠시 비가 멈춘다고 안개가 걷히는 것이 아 님을 어찌 모르겠습니까? 짙은 안개 속에 미로를 찾아다닌 운젠의 참모습은 끝내 보지 못한 채 유황이 뿜어내는 냄새 와 안개가 주는 몽롱한 느낌만을 지닌 채 계획에도 없던 나 가사키長崎로 가기로 했습니다. 나가사키는 히로시마廣島 와 함께 원자폭탄이 떨어졌던 곳으로도 유명하고, 짬뽕으 로도 유명한 곳입니다. 그래서 나가사키에 가면 평화공원 과 우라가미성당上浦聖堂을 보고, 짬뽕을 먹어야 한다고 합 니다. 그래서 우린 나가사키에 도착하여 책에서 소개한 짬 뽕전문점을 찾아 시내를 몇 차례 배회한 후 겨우 찾아 거기 에서 유명한 짬뽕을 맛보았습니다. 젊은 여주인이 영어를 잘하여 여기서는 우리 집 아이들과 긴 시간 자기 집의 자랑 을 들으면서 즐거운 점심시간이 되었습니다. 그리곤 평화 공원과 성당을 잠시 둘러보고 사세보佐世保를 거쳐 사가佐 賀의 다케오온천武雄溫泉에서 피로한 몸을 말끔히 씻고 늦 은 밤 후쿠오카로 돌아 왔습니다.

　정말 장거리 여행이었고, 안개와 구름 속을 다닌 여행이 었지만 아름다운 여행이었습니다. 푸른 초원과 마주한 여 행이었고, 다양한 온천을 즐기고, 일본의 정통음식을 맛보 는 즐겁고 오래 기억될 여행이었습니다. 그러나 다른 한 편 으로는 무척 긴장된 여행이기도 했습니다. 일본에서의 운전이란 신경 쓰이는 일이라 무사히 여행을 마쳤다는 것만으로도 집에 돌아오는 순간 긴장이 풀어지면서 피로가 전신으로 밀려왔습니다.

  J형. 인터넷에 들어가 규슈지방의 지도를 찾아서 이번 여행 코스를 한 번 확인해 보십시오. 이번 여행은 규슈지방에서 가고시마현鹿兒島縣과 미야사키宮崎현을 제외하고 후쿠오카현, 오이타현, 구마모토현, 나가사키현, 사가현을 거치는 대장정이었습니다. 이제 제1차 규슈여행은 이것으로 끝났습니다. 물론 이번 여행은 여행이라기보다는 멋진 드라이브라 이름해야 할 만큼 차를 타고 다닌 시간이 많았습니다. 그러나 짧은 시간 외국을 둘러보겠다는 욕심이 앞서 무리한 계획이기도 했지만 장마를 앞 둔 시기라 더욱 주마간산의 여행일 수밖에 없었습니다. 그러나 여행은 눈으로 보는 것만이 아니라 마음으로 느끼는 것이라면 이번 여행은 우리 가족에겐 다른 어떤 여행보다도 많은 것을 느낀 여행이었다고 말할 수 있겠지요. 언젠가 형과 함께 다시 규슈지방을 여행할 수 있었으면 합니다. 다시 연락하겠습니다. 항상 건강하십시오.

(2005.6)

아름다운 여행

여행이란 누구에게나 감미롭고 아름다움으로 가득하게 마련이다. 그것은 미지의 세계와 만남을 통하여 새로운 세계를 인식하게 해주는 것이기에 여행은 언제나 젊은 날의 연애처럼 가슴 설레게 하는 것이다. 그러나 여행이 가슴 설레게 하는 것은 물론 어디로 가서 무엇을 보았느냐 하는 여행지의 선택과 일정한 관련이 있기도 하지만 그보다 더 중요한 것은 동행자가 누구였는가 하는 것도 중요한 것 가운데 하나임에 분명하다. 그런 점에서 이번 우리의 여행은 아름답고 의미 있는 여행일 수 있는 조건을 갖추고 있었다고 할 수 있다.

대학에서 학생을 가르치는 사람으로서 가장 보람된 일은 학문을 통하여 인간적 유대를 갖는 일이라 할 수 있을 것이다. 이런 점은 군자가 즐길만한 세 가지 가운데 "천하의 영재를 얻어서 가르치는 것이 세 번째 즐거움 得天下英才 而敎育之 三樂也"이라고 맹자가 일찍이 지적한바 아니던가? 그러고 보면 나 또한 고등학교 6년, 대학교에서 35년 학생을 가르치고 살아왔으니 군자의 즐거움을 만끽하며 살았다고도 하겠다. 그런데 내게서 배운 학생이 얼마인지는 알 수가 없을 뿐더러 가르치고 배웠다고 하여 모두를 제자라 할 수 있는 것은 아닐 것이고 보면 실제로 나의 제자라고 할 수 있는 사람이 몇이나 되는지 알 수가 없다. 그럼에도 불구하고 내 평생 다른 길에 눈 팔지 않고 살 수 있었던 것은 군자의 즐거움을 온전히 알 수는 없었겠지만 나름대로 학생들을 가르침에 기쁨과 보람을 느끼고 소홀하지 않으려 했으니 나를 좋아하고 따르는 학생이 전혀 없는 것만은 아니라고 생각한다. 그 가운데 대학원 박사과정에서 함께 공부한 사람들과의 인연은 내가 학문을 하는 가운데 가장 큰 보람으로 자리하고 있다. 이러한 사실은 내가 만난 사람의 대부분이 학문을 통하여 만난 사람이기 때문에 이제는 그들로부터 힘을 얻고 때로는 위로받기 까지 하기에 이르렀다. 그리하여 요즘에는 논어의 "글을 통해 친구를 만나고, 친구를 통해 어짐을 얻는다. 以文會友 以友輔仁"는 말을 경험하기에 이르렀다.

따라서 이번 대마도여행은 이들과 함께 했다는 사실만

으로도 가장 아름다운 여행이라 할 수 있다. 1박2일의 짧은 여행이었고, 모두가 함께 하지 못해서 아쉬움이 있지만, 또한 남자들만의 여행이라 자유로웠다. 우리 일행 6명(김영건, 이명주, 장명득, 최광석, 김환봉박사, 그리고 나)이 부산국제부두에서 드림 플라워호를 타고 대마도의 히타카츠를 향해 출발한 것은 1월 18일 오전 8시. 겨울 날씨라기보다는 봄 날씨라 할 만큼 푸근하고 하늘은 흐렸다. 내해를 벗어나자 비가 내리기 시작했다. 대마도와는 어쩌면 인연이 없는지도 모르겠다. 몇 년 전에도 대마도여행을 예약하고 폭풍 때문에 취소된 적이 있었는데 하필이면 겨울에 비가 오다니. 이번 여행의 목적은 물론 가장 가까이 지내던 제자들과 여행을 하면서 오랜 정분을 나누는 것임은 물론이지만, 그와 함께 아소만의 절경을 보려는 욕심 또한 적지 않고 보면 비 오는 날이란 아소만의 풍광을 보기에는 한계가 있게 마련이다.

한 시간 30분의 짧은 항해 끝에 도착한 히타가츠比田勝항. 조그만 어촌에 불과한 작은 항구는 전혀 낯설지 않았고, 조그만 시골 면사무소만한 작은 출입국 관리국에서 입국심사를 받는 일만이 이곳이 일본 땅임을 실감케 했다. 비는 겨울비답지 않게 내리고 있었고, 우리는 곧바로 미우타하마三宇田浜 해수욕장을 둘러보았다. 인적이 없는 겨울의 해수욕장은 조금은 쓸쓸했고, 한 그루 소나무만 자라는 바닷가 조그만 바위섬은 분재처럼 앙증맞았다. 그리고 모모타로桃太郎라는 식당에서 간소한 일본정식을 먹고, 한국전망대에 갔다. 날씨가 좋으면 부산이 보인다는 이곳에서 부산을 보지는 못했지만 이명주군은 휴대전화로 아이들과 전화통화를 했다는 사실만으로 이곳이 얼마나 가까운 외국인가를 실감나게 했다. 이후 미네마치峰町 역사민속자료관을 거쳐 에보시다케烏帽子岳 전망대에 올랐다.

비는 내리고 바람 또한 심하게 부는 가운데 바다는 안개로 가득했다. 눈앞에 점점이 떠 있는 섬들은 안개 속에 그 윤곽만을 드러내고 있음에도 눈앞에 펼쳐지는 아소만의 풍경은 한 폭의 선명한 수묵화가 아니라 파스텔화처럼 감미로웠다.

비는 멈추지 않았고 바람 또한 세차게 불어 왔다. 아소만은 거대한 악어처럼 꿈틀대고 있었다. 아쉬움을 남겨두고 떠날 수밖에 없었다. 저녁 무렵이 되면서 날씨는 쾌청하여지니 아소만의 풍광을 다시 한 번 보고 싶은 충동이 일어났다. 아쉬움을 지닌 채 우리는 대마도를 가로질러 운하를 만들고 운하를 연결하는 만세키다리萬關橋를 걸어서 지났다. 섬을 가로질러 만든 운하는 커다란 강줄기처럼 저녁놀을 받아 빛나고 있었고, 낙조에 물든 산들은 더욱 정겨웠다.

해가 지고 우리는 이즈하라巖原의 호텔에 도착했다. 바다 위 언덕에 자리한 호텔은 너무나 조용했고, 조용함을 견디지 못하여 우리 일행은 시내로 나와 일본식 술집 <쓰시마>에서 일본 술을 마시며, 가슴 속 깊은 이야기를 밤늦도록 나누었다. 늦은 밤 우리는 어린 아이들처럼 노래를 부르며 40여분을 걸어 호텔로 돌아 왔다. 그리고 1년에 한 차례 함께 여행할 것을 약속하였다.

아침에 일어나 목욕을 하고 방으로 돌아오니 대마도의 절경이 펼쳐지고 있었다. 창밖에는 우런 붉은 바다가 넘실대고 있었다. 그리고 바다에서 밀려오는 붉은 기운은 구름을 뚫고 서서히 뚜렷한 윤곽을 드러내고 솟아오르고 있었다. 일출, 창문 너머로 일출을 바라보는 나의 가슴은 벅찬 감동으로 가득했다. 이번 대마도여행의 하이라이트는 호텔의 창 너머로 바라본 일출이라 할 수 있으리라. 일출을 보고 바닷가 산책은 상쾌했다.

아침을 먹은 후 이즈하라의 이곳저곳을 둘러보았다. 면암 최익현선생의 순국비와 덕혜옹주비는 낯선 이국의 조그만 섬에서 고국에 대한 그리움을 한으로 간직한 채 쓸쓸했다. 시내 몇 곳을 둘러보았으나 일본을 조금 알고 있는 내겐 별다른 감흥을 불러일으키지는 못했다. 1박2일의 짧은 여정을 마치고 우리 일행은 오후 2시 45분 이즈하라를 떠나왔다.

  사실 이번 대마도여행은 별달리 볼거리가 있었던 것도 아니고 긴 시간 조용한 곳에서 휴양을 위한 여행도 아니었다. 그럼에도 불구하고 이번 대마도여행은 잊을 수 없는 여행으로 기억될 것이다. 그 곳은 너무나 가까운 곳이기에 남의 땅 일본이라기보다는 우리 남해의 어느 섬과 같이 친근했고 우리 일행 또한 학문과 함께 수 십 년을 함께 했기에 겨울여행임에도 불구하고 내 생애 가장 따뜻하고 아름다운 여행이었다.

(2009.1)

내밀한 만남

K여사.

갑신년 새해를 맞이했군요. 그런데 처음 만나는 당신께 어떤 이야기를 해야 할지 막연하군요. 그래서 조금은 엉뚱하게도 어린 시절의 이야기를 하려고 합니다. 어린 시절이란 누구에게나 감미로운 추억이 있게 마련이니까요. 그 어린 시절 나는 까만 밤이 싫었고, 계집아이처럼 거울로 세상을 비춰보기를 좋아했습니다.

내가 자란 곳은 두메산골이었습니다. 그 때는 까만 밤이 무서웠습니다. 온 세상이 어둠으로 가득 찬 밤이면 희미한 호롱불을 켜놓고 춥고 긴 겨울밤 귀신이야기를 하며 어린 시절을 보냈습니다. 그런데 읍내에 살고 있는 친구 집에는 호롱불 대신에 램프를 켰습니다. 램프를 켜자 까만 밤은 귀신이야기를 몰고 소리 없이 사라져버렸습니다. 그 뒤로 나는 램프불빛을 통하여 어둠을 밝음으로 믿어왔습니다. 그런데 철이 들면서 램프의 거짓을 알게 되었습니다. 어둠은 그대로 존재하는데 잠시 어둠을 몰아내고 밝은 세계로 위장하고 있음을. 마치 현실의 어둠을 보지 못하고 세상은 마냥 아름다운 것이라고 믿었던 젊은 날의 기억과 함께.

이후 나는 다시 까마득하게 잊어버렸던 거울을 통하여 세상을 다시 보게 되었습니다. 거울을 통하여 바라본 세상은 현실 그 자체였습니다. 아무런 꾸밈도 숨김도 없이 있는 그대로 드러내는 거울의 세계가 무섭도록 진지했습니다. 그런데 오직 거울에 비친 나의 얼굴을 볼 때마다 나는 의도적으로 외면하고 싶었습니다. 초라한 자신을 그대로 받아들일 수 있는 용기가 내게 없었습니다. 그런데 얼마 뒤에는 아침저녁으로 거울을 보면서 싱긋 웃을 만큼 여유를 가지게 되었습니다. 그것은 내가 부자가 되었거나 출세를 해서가 아니라 내 자신을 있는 그대로 바라볼 수 있을 만큼 현실을 현실로 받아들일 수 있었기 때문이겠지요. 그런데 요즘은 거울보기조차 그만 두었습니다. 눈으로 볼 수 있는 세계는 너무 적을 뿐만 아니라 너무나 악착스럽기 때문입니다. 그리하여 나는 요즘 눈감고 지내는 시간이 많아졌습니다.

K여사.

세상이 변하여 험악하게 되었다 하여도 램프로 어둠을

밝히고 바라보는 세상은 아름답겠지요. 그것이 위장된 밝음이었음을 알 때까지는. 그런데 거울로 본 세상은 정말 악착스러운 것이지요. 진정한 가치를 외면하고 가짜욕망을 욕망하는 끝없는 탐욕의 세계가 거울에 비칠 때 느끼는 절망감. 그러나 램프가 세계를 왜곡하고 있었던 것처럼 거울 또한 가시적 세계만을 보여준 것은 아닐까요. 어찌 거울에 비친 세상만이 세상이겠습니까. 눈감으면 보이는 세상이 있다고 느낄 때 거울에 비친 세상은 아주 작은 부분이 아닐는지요. 가치 있는 삶이란 현실에 바탕한 것이면서 현실을 뛰어넘어 자기만의 세계를 창조하고 거기에 알맞은 의미를 부여하는 것이라 한다면 당신은 너무 고답적인 이야기라고 핀잔하겠지요. 그럼에도 불구하고 요즘처럼 본질적인 것이 외면되고 물질적 욕망에 탐닉하는 세태가 강가에 내놓은 아이를 보는 것처럼 불안하게만 느껴지는 것은 시대의 흐름에 뒤쳐진 탓일까요. 세상이 어지러울수록 램프의 불빛에 현혹되지 말고, 거울에 비치는 세계에 절망하지 않고, 혼자 있어도 외롭지 않을 자신만의 내밀한 세계를 창조할 수 있다면 우리의 삶은 좀 더 윤택하지 않을까요. 처음 만남에서 너무 엉뚱한 이야기를 했군요. 다음에는 로맨틱한 이야기를 하기로 해요.

(『경남여성신문』 2004.1)

사랑하는 딸에게 주는 아빠의 러브 · 레터
-김범선의 『니가 있어 행복하다』의 세계-

　소설가 김범선, 오래 전 문예지에서 그의 소설을 읽으면서 50년대의 소설가 이범선을 생각했다. 물론 이 연상은 작품에서 오는 유사성이 아니라 이름이 갖는 동일성에서 비롯된 것임은 물론이다. 그리고 김범선이라는 이름을 오랫동안 잊고 있었다.

　그런데 지난 5월 고향, 영양에서 <지훈문학관> 개관 기념식에서 낯익은 얼굴과 마주했다. 어릴 적 고향에서 중학교를 함께 다닌 김봉훈. 50여 년만의 해후였다. 그런데 놀랍게도 그가 내민 명함은 오래 전 이범선을 연상하면서 읽었던 작가 김범선이었다. 나는 낯익은 얼굴과 낯선 이름 사이에서 잠시 당황했으나, 50년의 세월을 뛰어넘어 때로는 김봉훈으로, 때로는 소설가 김범선으로 생활과 문학 사이를 넘나들며 제법 긴 시간 5월의 따사로운 햇볕이 쏟아

지는 길가 담장 밑에서 노변방담을 하고 서로의 연락처를 확인하고 헤어졌다. 그리고 얼마 후 그는 내게 한 권의 책을 보내왔다. 아버지가 딸에게 주는 행복 메시지라는 부제를 달고 있는 『니가 있어 행복하다』(리즈앤북, 2007)라는 에세이집이었다.

  책을 받고 서문을 읽으면서 콧잔등이 찡해 왔다. 그것은 친구의 이야기가 아니라 내가 나의 딸에게 하고 싶었던 나의 이야기였다. 그는 서문에서 글을 쓰게 된 동기를 다음과 같이 밝히고 있다.

  "이 글은 너희들이 어린 시절 놀러가자고 졸랐을 때 같이 놀아주지 못한 것을 후회하며, 강가에 앉아 지는 노을을 바라보며 떠나간 너희들을 그리워하다가 떠오른 아빠의 삶에 대한 진솔한 이야기이며, 형편이 좀 더 좋아질 때를 기다리다 결코 그런 날들이 오지 않는다는 것을 뒤늦게 깨달은 한 아버지가 회한에 차서 늦게나마 용기를 내어 사랑하는 딸들에게 남겨주고 싶은 이야기들이란다."

  그렇다.
  『니가 있어 행복하다』에서 이 부분을 읽으며 나 스스로 딸을 둔 애비로서 깊은 반성을 하지 않을 수 없었다. 평생을 글을 읽고, 쓰면서 살아오는 동안 집을 일찍 떠나 객지에서 공부하고, 취직하여 혼자 지내고 있는 딸에게 내 마음을 담은 편지조차 몇 차례 보내지 않았다. 모든 것을 '어련히 알아서 하랴' 하는 더 없는 신뢰와 사랑을 가슴에 담아두고 지켜만 보고 있었다. 그러나 다시 생각하면 내 사랑하는 딸이 새로운 세계와의 만남을 통하여 경험해야 했던 수많은 불안과 고뇌, 그리고 결단의 시간을 맞이하여 힘들어 했을 때, 나의 경험에 바탕한 작은 삶의 지혜를 들려 줄 수만 있었다면 얼마나 큰 힘과 용기와 위로가 되었을까?

삶이란 지식을 통하여 이해하는 세상이 아니고 건강한 경험을 통하여 체득할 세계인 것이다. 그러므로 한 평생을 살아온 아버지의 경험을 통한 삶의 지혜는 몇 백 권의 책을 통하여 알게 된 관념의 세계가 아니다. 사랑하는 딸에게 들려주는 아버지의 살아있는 이야기는 진정 '거룩한 말씀'인 것이다.

『니가 있어 행복하다』는 세상을 살아가면서 만나게 되는 다양한 상황에 대하여 자상하게 문제해결의 지혜를 일깨워주고 있다. 따라서 아버지가 딸에게 들려주는 이야기는 한없이 자상하지만 근엄하고, 일상에서 언제나 만날 수 있는 가벼운 이야기이지만 천근의 무게로 가슴에 새겨두어야 할 것들이다.

어느 아버진들 자신의 딸들을 사랑하지 않겠는가. 그러나 아버지의 애틋한 사랑을 드러내는 것에 대부분의 아버지들은 익숙하지 못하고, 시집을 보내고 난 뒤에도 삶의 고비를 맞이할 때마다 하고픈 말을 미처 하지 못한 채 안타까운 마음을 가눌 길 없어하는 것이 우리들 평범한 아버지이다. 그런 의미에서 『니가 있어 행복하다』는 이 세상의 모든 아버지의 마음을 대신하여 자신의 딸에게 들려주고자 하는 바로 그 이야기이다. 동시에 이 세상의 모든 딸들이 아버지로부터 듣고 싶었던 이야기임에 분명하다. 그런 점에서 이 책에서 저자가 자신의 사랑하는 딸에게 들려주고자 하는 이야기는 그만의 이야기가 아니라 내가 나의 딸에게 들려주고 싶은 이야기이며, 동시에 우리 모든 아버지가 자기의 딸에게 들려주고자 하는 이야기인 것이다. 그러므로 이 책은 그의 책이 아니라 나의 책이고, 우리 모든 아버지의 마음을 담은 책이다. 그러고 보면 이 글을 읽어야 할 사람 역시 저자의 딸들만이 아니라 나의 딸이 읽어야 하고, 우리 시대 모든 아버지로부터 사랑 받고 자라는 딸들이 읽어야 할 책인 것이다.

50여 년이 지나 초로의 모습으로 다시 만난 친구의 『니가 있어 행복하다』를 읽는 즐거움은 크다. 그것은 친구의 새로운 모습을 보았기 때문이기도 하지만 그보다는 내가 나의 딸에게 들려주고 싶은 이야기를 그가 대신해 주고, 내게서 삶의 지혜를 듣기를 원하는 나의 딸이 나를 대신하여 가슴에 새겨들을 수 있는 이야기이기 때문이다.

(2007)

제2부
짧은 글, 긴 생각

꽃피는 길목에서
산을 오르며
헷갈리는 세상
꽃이 있는 식탁
엄마의 고방庫房
비밀 만들기
때 묻은 이불
이름 부르기
임금님의 귀
출세한 내 친구
깨끗한 유리거울
역사 만들기
여름옷의 아가씨들

꽃피는 길목에서

 몇 년 전, 이맘때쯤 일이다. 나는 마산에서 대구로 오는 버스를 탔다. 그 날은 운 좋게(?) 내 옆자리에 예쁜 아가씨가 앉아 있었다. 나는 무슨 이야기를 할까하고 골똘히 생각했다. 조금은 재미있고, 그러면서도 품위에 손상이 가지 않는 이야기를. 그런데 나의 고민은 버스가 출발하자마자 아무 쓸모가 없게 되었다. 아가씨는 차가 출발하자 벌써 눈을 감고 잠을 자고 있었다. 아니 자고 있는 척 하고 있었는지도 모른다. 어디쯤 왔을까? 차창 밖에는 알에서 갓 깨어난 병아리 떼처럼 노오란 개나리가 흐드러지게 피어 있었다. 추운 겨울을 어떻게 견디고 남 일찍이 저렇게 화사한 모습으로 피어났을까? 저토록 때 묻지 않은 원색을 어디에 감추고 있다가 일시에 내뿜어 놓았을까? 나는 소년처럼 가슴이 울렁거림을 어쩔 수 없었다. 그냥 혼자서 보고만 있기에는 너무나 진한 감동이었다. 나는 옆자리의 아가씨를 살며시 흔들어 깨웠다. 그리고 손가락으로 창밖을 가리키며 '저 개나리를!'했다. 아가씨는 귀찮다는 표정으로 나의 얼굴을 일별하고 창밖을 보기는커녕 '흥'하는 콧방귀와 함께 다시 눈을 감고 말았다. 그 순간 나는 벌써 치한癡漢이 되어 있었다. 나는 내 나이를 생각했고, 희끗희끗 돋아난 머리카락을 생각했다. 분명 나는 늙어가는 치한이었다. 나는 아가씨의 마음을 재빨리 읽고 있었다.

'때가 되면 꽃은 피게 마련이고, 개나리 핀 것을 못 본 사람 어디 있는가! 그런데 뭐 개나리가 피었다고! 나이 값도 못하는 쯧쯧……'

그래 꽃이 밥 먹여 주지 않고, 출세시켜 주지 않는데 그것이 좋다고 하는 나 같은 얼짜의 행동을 치한으로 보는 아가씨의 영리함에 고개를 들 수 없었다. 누가 꽃이 아름답다고 했는가? 돈이 아름답고, 보석이 아름답고, 화장대 앞에 앉은 여인의 얼굴이 아름답고, 연애가 참으로 아름다운 세상이 되었는데 하릴없이 개나리꽃타령이나 하고 있음이 민망하기도 했다.

그러나 올해도 그 개나리는 꽃을 피울 것이다. 그때 나는 또다시 나잇값 못하는 치한이 될 것이고, 미처 철들지 못한 나이 많은 아이가 될 것이다.

(1994)

산을 오르며

지난 일 년간 일요일이면 나는 산을 찾아 나섰다. 처음에는 친구와 둘이서 시작했지만 얼마 다니지 않아 우리가 쉽사리 갈 수 있는 산은 거의 오르게 되었다. 그리하여 마침내 나는 안내 등산팀에 따라 다니게 되었다. 모두가 베테랑급이었다. 일행의 대부분은 길게는 몇 십 년, 짧게는 5년 이상의 산행 경력의 소유자들이었다. 나와 같은 아마추어는 따라 다니는 것만도 여간 고역이 아니었다. 산을 오르는 것이 아니라 앞사람의 엉덩이만 보고 끝없이 걷는 것이 고작이었다.

나는 회의懷疑하기 시작했다. 왜 산에 가야만 하는가? 나는 내 가난한 가슴에 산을 담고 싶었다. 산이 들려주는 말씀도 귀 기우려 듣고 싶었다. 때 묻지 않은 청잣빛 하늘에 내 꿈을 그려보고 싶었고, 흐르는 계곡물에 내 게으름을 흘러 보내고 싶었고, 나뭇가지를 흔들며 지나가는 바람 속에 내 욕망을 날려 보내고도 싶었다. 산에서 내 모습을 찾아보고 싶었다. 그리고 산을 닮아보고 싶었다. 그래서 산이 보고 싶었던 것이다. 그러나 나는 온종일 산 속을 걸으면서도 산을 보지 못했다. 나의 산은 어디에 있는가? 눈에도 가슴에도 나의 산은 자리 잡지 못하고 저만큼 멀리 거대한 모습으로 혼자 덩그렇게 남아 있었다. 누구는 '산이 거기에 있기에 오른다.'고 했고, 누군가는 '산에는 우정이 있다.'고 했지만 내가 오른 산은 언제나 '거기'가 아닌 '저만큼' 있었고, 우정은 자취를 감추고 없었다. 거기에는 동물적인 '건강'이 거만한 모습으로 자리 잡고 있었고, 시장바닥에서나 볼 수 있는 치열한 '경쟁'이 두 눈 부릅뜨고 있었고, 도시인의 '조급함'이 기다리고 있었다. 과정은 무시되고 목적만이 발가벗은 채 산정山頂에 있었고, 고귀한 과정은 무거운 등산화에 무참히 짓밟혀 빛을 잃고 있었다.

 우리는 눈을 감고, 귀를 막고, 마음을 닫은 채 산을 오르는 것은 아닐까? 자연이 들려주는 거룩한 말씀 —계곡을 흐르는 물소리, 나뭇가지를 흔들며 지나가는 바람소리, 먼 옛날 할아버지처럼 인자하고 근엄한 바위와 산, 에레나 보다도 예쁜 꽃들의 말씀에 눈멀고 귀먹은 것은 아닐까? 산에 오르는 것은 산을 닮으려는 우리의 꿈이 아닐까? 산에 오르는 것은 건강만을 위한 단순한 방편이 아니라 삶의 진실을 확인하고 건전한 생활을 위한 '멋'이어야 하지 않을까?

(1994)

헷갈리는 세상

 세상에 재미있는 일이 많고 많지만, 그 가운데 거짓말만큼 재미있는 것이 있을까? 있지도 않은 일을 꾸며서 이야기할 때, 다른 사람들이 속아 넘어가는 것을 보면 통쾌하기 그지없다. 나는 어려서부터 거짓말을 곧잘 했다. 나의 거짓말에 가장 잘 속는 사람은 역시 어머니였다. 군것질을 하기 위해 거짓말을 하고, 극장 구경을 하기 위해 거짓말을 하기도 했다. 이렇게 얼마동안 거짓말을 하다 보니 거짓말 밑천이 없어지게 되었다. 중학교를 다니면서 소설이 거짓말이라는 것을 알게 되었다. 그래서 거짓말 밑천이 떨어진 나는 정신없이 '거짓말 교본'으로 소설을 읽었다. 역시 거짓말은 재미있었다. 때로는 거짓말쟁이인 나도 속는 일이 있었다. 그 때마다 정신을 차리고 '이것은 거짓말이다.'하고 헷갈리는 정신을 가다듬곤 했다. 이렇게 오랜 시간 '거짓말'과 가까이 하다 보니 거짓말인 '소설'에 대해서는 할 말이 많았다. 그 결과 나는 강의실에서 나의 순진한 학생들에게 '거짓말'을 신나게 가르쳤고, 그 때마다 교실은 온통 거짓말로 가득 찼던 것이다.

  그런데 언제부터인가 모든 것이 헷갈리기 시작했다. '소설은 거짓말이고, 신문기사는 참말'이란 것이 도무지 믿기지 않는 것이다. 공군참모 총장이 탄 헬기의 날개가 부러져 떨어지고, 어느 교장은 학생 돈으로 치부하고, 봉투만 주면 정치인이나 관리는 브로커로 변신한다는 기사를 보면 또다시 헷갈리는 것이다. 그런 이야기를 나 같은 거짓말쟁이가 한다면 몰라도 참말만을 보도하는 신문기사라고 누가 믿겠는가? 그러나 가만히 생각하니 수학시간에 배운 '부정의 부정은 긍정'이라고 하는 사실을 깜빡 잊고 있었다. 거짓말을 다시 거짓말로 하면 참말이 되고, 참말을 참말이라고 하면 거짓말이 되는 것임을 어이하여 이때까지 모르고 살았는가? 그러고 보면 지금까지 나는 '거짓말'을 거짓 가르쳤으니 내 강의는 참말이 되는 것인가? 그것도 모르고 지금까지 기氣 죽어 산 것이 너무 억울하지 않는가?

(1994)

꽃이 있는 식탁

사람이 세상을 사노라면 숱한 일과 마주하게 된다. 그 때마다 우리는 스스로 결단을 강요받게 된다. 그 결단의 순간 우리는 '명분名分'과 '실리實利'라는 두 가지 문제로 고민하게 된다. 명분을 따를 것인가, 아니면 실리를 취할 것인가?

명분이란 인간 삶에 있어서 꽃과 같이 아름다운 것이다. 따라서 명분에 따라 사는 것은 조금은 괴로운 일일지 모르지만 가치 있는 삶이며, 동시에 성숙된 아름다움이 있는 것이다. 그리하여 옛날의 선비들은 명분에 따라 살았고, 명분 때문에 싸웠고, 명분 때문에 죽어가기도 했다. 그러나 명분만을 중시할 때, 명분은 또 다른 명분을 낳고, 마침내 명분을 위한 명분이라는 엉뚱한 궤변으로 전락하여 숱한 싸움이 벌어지기도 했음을 우리는 익히 알고 있다.

그런가 하면 실리란 인간 삶에 있어서 밥과 같이 소중한 존재다. 그럼에도 불구하고 인간이 실리를 추구하면 속(俗) 되다고 한다. 인간이 살기 위하여 밥을 먹는다고 어찌 속되 다고 하겠는가? 그러나 밥이 인간 삶의 목적이 아니라 한 낱 수단임을 망각하는데서 인간은 타락하고 병들게 된다. 밥이 인간다움을 추구하는 삶의 수단이란 영역을 넘어서 서 목적물이 될 때 꽃은 그 아름다운 모양과 색깔과 향기를 잃어버린다. 아름다운 꽃을 외면하고 우리의 미각을 만족 시켜주는 밥만을 추구할 때 우리는 인간이란 동물로 전락 하게 된다.

결국 인간이란 현실적 존재이면서 동시에 이상을 추구 하는 존재라면 꽃과 밥은 두개의 서로 다른 세계가 아닌 하 나의 세계여야 한다. 그럼에도 불구하고 오늘 우리는 꽃과 밥을 별개의 것으로 보는데 문제의 심각성이 있다. 더욱이 밥을 챙기면서 겉으로만 꽃타령을 늘어놓는 오늘의 우리가 졸부의 퇴폐성에 웃을 수 있을까? 명분과 실리가 조화를 이 루는 사회야말로 가장 건강한 사회인 것이다. 꽃이 있는 식 탁에서 밥을 먹는 즐거움이 진정한 즐거움이 아닐까? 속담 의 "뽕도 따고 님도 보는" 즐거움이 바로 이런 것 아닐까?

(1994)

엄마의 고방庫房

나는 어려서부터 어머니를 좋아했다. 아니 어머니를 좋아한 것이 아니라 밤늦게 책을 보고 있을 때마다 가져다주는 모이(?)를 좋아했는지도 모른다. 시골에서 자란 나는 상점에서 알사탕이나 과자 따위를 별로 사먹질 못했다. 그렇다고 내가 군것질을 하지 않았던 것은 아니다. 누구보다 군것질을 많이 하면서 자랐는지도 모른다. 겨울 긴긴 밤 차가운 방에서 이불을 뒤집어쓰고 호롱불 밑에서 책을 읽었다. 그러다 보면 어느새 밤이 깊어지고 배가 고프기 시작하면 알사탕이나 과자 생각이 나게 마련이었다. 이럴 때이면 어머니는 기다리고 있었다는 듯이 조그만 접시에 홍시 하나를 담아 와서 내게 주시는 것이었다. 그리고 다음 날에는 밤 몇 알, 또 다음 날에는 엿 한가락, 볶은 콩 한 접시, 구운 감자, 곶감 하나. 이런 식으로 어머니는 거의 매일 늦은 밤이면 내게 무언가를 주셨다. 그러한 것은 나의 텅 빈 배를 채워줄 수 있는 것은 아니었지만 나는 날마다 어머니가 주시는 모이(?)를 기다리는 마음으로 밤늦도록 책을 읽었다. 그리고 나는 어머니만 드나드는 커다란 자물쇠로 잠겨 있는 고방에는 먹을 것으로 가득하리라 생각했다. 그리하여 나는 배가 부르도록 주지 않는 어머니가 원망스럽기도 하고, 때로는 일주일 몫을 한꺼번 주시면 좋을 걸 하는 생각도 했으나 차마 그러한 생각을 드러내서 말하진 못했다. 그리고 철이 들어 비로소 밤마다 주던 그 작은 모이의 의미를 알게 되었다. 그것은 어머니의 멋진 사랑이었다. 고방에 있는 것을 한꺼번에 주어 포식을 하고 난 다음날 같은 것을 주었을 때의 식상함이나, 아니면 다음날 줄 것이 없어 모이를 기다려도 줄 수 없을 때의 안타까움을 미리 염려하셨던 것이리라.

참된 사랑이란 한꺼번에 모든 걸 주고 다음 날부터 받기만을 기대할 것이 아니라 조금씩, 그러면서도 끝없이 베푸는 것, 그리하여 엄마의 고방에는 맛있는 음식으로 가득 차 있음을 믿게 하는 것이 진정한 사랑의 길이 아니겠는가? 그러고 보면 밤마다 사랑의 모이를 먹으며 자란 내가 어찌 어머니를 좋아하지 않을 수 있겠는가?

(1994)

비밀 만들기

"비밀이 없는 것은 돈이 없는 것보다 가난하고 불쌍하다."고 소설가 이상李箱은 그의 소설에서 쓰고 있다. 비밀이란 따지고 보면 언젠가는 세상에 알려진다는 것을 전제로 하고 있다. 따라서 비밀이란 있는 것을 아무도 모르게 잠시 숨겨두었다가 요긴하게 쓴다는 의미에서 값진 보물과 같은 것이라 할 수 있다.

초등학교 때 소풍을 가면 언제나 보물찾기를 했다. 그런데 3학년 봄 소풍이었던 같다. 역시 점심시간이 끝나고 보물찾기가 시작되었고 한 시간 뒤에 보물찾기가 끝나고 선생님이 상품을 나누어주기 위하여 번호를 불렀으나 찾은 학생이 거의 없었다. 그 때 선생님이 난감해 하던 모습을 나는 아직도 기억하고 있다. 그리하여 선생님과 함께 다시 보물찾기를 했다. 선생님이 앞장을 서서 바위 밑도 기웃거리고 높은 나무 가지를 쳐다보면서 보물이 숨겨져 있는 곳을 넌지시 가르쳐 주어서 우리의 보물찾기는 2회전을 거쳐 성공적(?)으로 끝날 수 있었다. 그 때 우리는 돌아오면서 친구들끼리 선생님의 보물숨기는 솜씨에 대하여 경탄을 쏟아 부었던 것이다. 그러나 이제 와서 다시 생각하면 숨겨둔 것을 아이들이 찾아내지 못했을 때의 안타까움과 함께 숨긴다는 것은 다시 찾기 위한 것임을 선생님은 미처 몰랐기 때문이라고 믿게 되었다.

삶이란 것 또한 상대방이 숨겨놓은 비밀을 찾아내는 보물찾기와 같은 행위가 아닐까? 모르는 사람을 처음 만나는 순간 그 사람은 온통 비밀을 가득 숨기고 있어 낯설게 마련이다. 그 때 우리는 상대방에 대하여 관심을 가지고 숨겨둔 비밀 찾기를 시작한다. 그리하여 상대방의 이름을 비롯하여 마침내 저 내밀한 곳에 숨어 있는 까만 점까지 알게 되었을 때 우리의 보물찾기는 끝나는 것이다. 이 때 우리는 새로운 비밀 만들기를 시작해야 하는 것이다. 그리고 그 비밀은 정신적이고 창조적이어야 한다. 독서란 바로 새로운 비밀 만들기가 아니겠는가? 그리하여 날마다 새로운 비밀로 가슴이 가득할 때 우리의 삶은 풍요롭고 신선한 것이 되지 않을까?

(1994)

때 묻은 이불

 내 어리고 가난했던 지난 시절을 반추해 보면 그것은 그림책을 보는 것처럼 선명하고 아름답다. 그 때는 비참하리만큼 괴로운 일이었지만 이제 다시 생각하면 그것은 내 삶에 많은 것을 일깨워주는 값진 것임을 새삼 느끼는 것이다.
 추수가 거의 끝나는 늦은 가을이 되면 어머니는 내 누님과 함께 겨우내 덮을 한 채의 이불을 꾸미곤 했다. 광목으로 만든 호청에 풀을 빳빳하게 먹인 후 며칠 간 다듬이질을 하여 뻔쩍뻔쩍 윤이 나는 새 이불을 꾸몄다. 날씨가 추워지고 저녁이면 새로 꾸민 이불 속에 몸을 묻어보지만 이불은 어머니의 코고는 소리보다도 크게 버스럭거리는 소리만 낼 뿐 전혀 따뜻하지 않았다. 그럴 때면 아예 솜 놓은 바지저고리를 입은 채 자는 도리밖에 없었다. 그러나 얼굴이 닿는 이불깃과 발이 닿는 부분에 조금은 때가 묻고, 풀기가 조금 가시게 되는 동짓달이 되면 이불은 비로소 추운 몸을 따스하게 해주는 이불로서의 제 몫을 다했던 것이다. 다시 얼마를 지나 설을 지나고 나면 이불은 온통 때에 절어 불을 켜 놓은 채 이불 속에 들어가기에는 게름직 했다. 그리하여 흰 속옷을 입고 자면 마치 속옷에 이불의 때가 묻을 것만 같아 다시 옷을 입은 채 될 수 있으면 이불을 덮지 않고 추운 발만을 겨우 묻고 잠을 잤던 가난했던 날의 기억을 갖고 있다.

  인간의 삶 또한 이와 같은 것이 아닐까? 새로 꾸민 이불처럼 한 점 부끄럼 없이 이 세상을 살려고 하는 사람에게서 인간미를 맛볼 수 없지 않을까? 이러한 사람들은 원칙주의자 혹은 결벽증 환자일 것이다. 나는 이런 사람을 가장 무서워한다. 그리고 설을 지난 이불처럼 마음속에 겹겹이 때로 가득한 사람은 타락하고 병든 인물임에 틀림없을 것이다. 이런 사람을 나는 증오한다. 그러나 동짓달 이불처럼 곱게 때 묻은 사람에게서 포근한 인간미를 맛볼 수 있지 않을까? 나는 이런 사람과 만나 따뜻한 커피를 마시며 그의 이야기를 듣고 싶은 것이다. 그리고 돌아와 내 때 묻은 삶을 돌아보며 목욕을 하면 얼마나 시원할 것인가?

(1994)

이름 부르기

세상을 살면서 자기 이름이 불리는 것은 기분 좋은 일이다. 그리고 남의 이름을 부르는 것도 즐거운 일이다. 이름이란 애정을 갖고 있는 일상적 대상에 대해 새로운 생명과 의미를 부여하는 행위이기 때문이다. 나는 '이름'이란 말을 떠올릴 때면 김춘수의「꽃」을 생각한다.

/ 내가 그의 이름을 불러주었을 때 / 그는 나에게로 와서 / 꽃이 되었다. //
/ 내가 그의 이름을 불러준 것처럼 / 나의 이 빛깔과 향기에 알맞은 / 누가 나의 이름을 불러다오 / 그에게로 가서 나도 / 그의 꽃이 되고 싶다. //

몇 년 전 시골에 갔다가 길에서 곱게 늙어가는 할머니(?)와 마주치게 되었다. 그런데 어디선가 만났던 사람인 것만 같아 발걸음을 멈추고 뒤돌아보노라니 그 할머니도 뒤돌아보고 있었다. 그리하여 다시 마주 서서 한참을 머뭇거리다가 비로소 그 할머니가 초등학교 시절 나를 가르쳐주신 담임선생님을 알았다. 그런데 선생님도 나를 기억하시고 나의 '선생님!'하는 소리와 동시에 선생님께서 내 이름을 불러주시는 것이었다. 그 때의 감격은 우등상을 받기 위하여 이름이 불려지던 순간보다도 즐거웠다. 그 때 나는 김춘수의 「꽃」을 생각했다. 며칠 전 고등학교 시절 은사이신 노시인老詩人의 고희기념 시집출판 기념회가 있었다. 자주 찾아뵙지 못하여 죄스러운 마음에 인사만 드리고 구석 자리에 숨어 있었다. 식순에 따라 몇 사람의 축사가 있었다. 그런데 느닷없이 사회자가 내 이름을 부르면서 축하의 인사를 하라는 것이었다. 영문도 모른 채 자리에서 벌떡 일어서긴 했지만 왜 갑자기 내 이름이 불려져야 하는지 알 수가 없었다. 당신이 가르친 제자가 대학교수라는 자리에 있음을 은근히 자랑하고 싶으셨던 모양이지만 스승의 고희연에 제자가 축사라니 말이나 될 법한 일인가. 어쩔 수 없어 자리에서 일어나 두어마디 횡설수설하고 자리에 앉았지만 마치 수업시간에 장난을 치다가 선생님께 들켜 이름이 불려지는 기분이었다. 그 순간 나는 또다시 김춘수의 「꽃」을 생각했다.

이름이 불려지고 이름을 부르는 것은 즐거운 일이다. 그것은 분명 애정의 표현이기 때문이다. 보통명사에서 고유명사로 바뀌는 것은 유일한 존재임을 확인 받는 일이다. 유일한 것은 가치 있는 것이다. 그러나 색깔과 향기에 알맞은 이름일 때, 그 이름은 더욱 귀한 것이 아니겠는가?

(1994)

임금님의 귀

비밀이 없다는 것은 재산 없는 것처럼 가난할 뿐만 아니라 더 불쌍하다고 이상李箱은 그의 소설에서 쓰고 있다. 그러나 가만히 생각하면 비밀이란 일정한 시간 안에서만 비밀로서의 가치를 지닐 뿐 영원한 비밀로 남아있지 못하는 데서 그 묘미를 찾을 수 있다. 이러한 예를 우리는 저 신라 경문왕景文王의 이야기에서 확인할 수 있다. 경문왕의 귀는 당나귀 귀처럼 생겼다. 임금은 이 사실이 세상에 알려질까 봐 언제나 걱정을 했다. 그러나 복두장幞頭匠(모자를 만드는 사람) 한 사람만은 알고 있었다.

임금은 자신의 비밀을 지킬 것을 엄명했다. 그러나 신하는 그 비밀을 남에게 전하고 싶어 죽을 지경에 이르렀다. 하는 수없이 대나무 숲에 가서 '임금님의 귀는 당나귀 귀'라고 소리쳤다. 그 이후 바람이 불어 대나무가 흔들릴 적마다 대나무에서는 '임금님의 귀는 당나귀 귀' 라는 소리가 들렸다. 일금은 화가 나서 대나무를 베고 산수유를 심었더니 마찬가지로 '임금님 귀는 당나귀 귀'라는 소리가 들렸다. 임금은 세상이 온통 소란하고 자신의 지위가 위험하리라 생각했다. 그러나 세상은 별일이 없고 오히려 신하들이 치국治國의 뜻을 노래로 적어 올렸다. 임금은 자신의 비밀이 세상에 알려지자 그렇게 마음이 편할 수 없었다.

비밀의 탄로, 그것은 어쩌면 치욕이다. 자신의 약점이 세상에 알려진다는 것은, 그것도 만승천자萬乘天子인 임금의 약점이 쓰레기 같은 백성들에게 알려진다는 것은 치욕일 수밖에 없다. 그러나 백성은 임금의 생각보다 어질었고 임금의 약점까지도 포용할 수 있는 너그러움을 지니고 있었다.

만승천자인 임금인들 약점이 없을 소냐 하고 임금을 감싸주고 위로해 주었던 것이다. 이러한 관용과 위로에 어찌 임금인들 감동하지 않을 수 있겠는가. 역시 삼국을 통일했던 저 신라인은 멋이 있었다.

비밀이 없어 가난하고 불쌍해질망정 비밀이 없는, 아니면 잠시만 머물다가 안개 걷히듯, 진실이 밝혀지는 사회를 보고 싶다. 임금의 귀는 당나귀 귀라고 모두 말할 수 있는 세계, 남의 비밀을 약점으로 이용하지 않고, 이해하고 포용할 수 있는 세상을 꼭 한 번 다시 보고 싶다. 그게 살 맛나는 세상이 아니겠는가.

출세한 내 친구

나는 아직도 덜 자란 아이처럼 동화책을 좋아한다. 그것은 꿈 많던 내 유년을 반추하게 해주고, 더러는 삶의 방법을 일깨워주는 구실도 하기 때문이다. 오늘도 우리 막내둥이와 함께 읽은 우화 '교활한 박쥐'는 주변머리 없고 고지식한 나를 위로해 주고, 동시에 출세한 내 친구를 생각하게 했다.

-새와 짐승이 싸움을 했습니다. 그것을 본 박쥐는 어느 편을 들어야할지 망설였습니다. 새들이 짐승의 머리 위를 날아 공격을 하자 박쥐는 새에게로 날아가 '나는 새니까 너희 편' 이라 했습니다. 다시 짐승이 새들을 반격하자 재빨리 짐승에게 나아가 '나는 짐승이니 너희들 짝' 이라고 했습니다. 박쥐는 그렇게 싸움이 유리한 쪽을 찾아다니며 새도 되고, 짐승도 되었습니다. 새와 짐승은 서로 지쳐서 싸

움을 그만 두었습니다. 새들은 새들끼리, 짐승은 짐승끼리 즐겁게 지냈습니다. 그러자 박쥐는 새들에게 놀러 갔습니다. 새들은 박쥐를 보고 '너는 짐승이니까 짐승하고 놀아라.' 하고 박쥐를 외면했습니다. 박쥐는 다시 짐승에게로 갔습니다. '너는 새니까 새하고 놀아라.'하면서 박쥐를 거들떠보지도 않았습니다.

출세한 내 친구가 언제나 나의 옹졸함을 걱정해 주었고, 나의 출세를 위해 많은 충고도 해주었음을 고맙게 생각한다. 그에 의하면 세상살이란 일정한 레일 위를 달리는 기차와는 다르다는 것이다. 그러므로 적당히 자리에 따라, 눈치 채지 못하게 가끔 궤도수정을 해야 한다는 것이다. 그리고 옛말 그른 것이 하나 없다는 것이다. 그가 즐겨 쓰는 옛말이란 '소금 먹은 말이 물 찾는다.'는 것이며 '웃는 낯에는 침 뱉지 못한다.'는 것으로 이는 만고의 진리라고 한다. 떡 주어 싫어하는 사람 없고, '지당하다.'고 말하는 놈 미워할 사람 없지 않으냐는 것이다. 언제 진실이 살아있어 밥 먹여 주었으며, 역사시간에만 힘쓰는 정의가 출세시켜주며, 고고한 척하는 학문이 편안함을 마련해 주었느냐고 반문한다. 이 풍진 세상에서 출세한 내 친구는 역시 나보단 한 수 위임을 내 어찌 모르겠는가?

깨끗한 유리거울

　인간이 만든 도구 가운데 어느 것 하나 쓸모없는 것이 있으랴마는 거울의 발명은 참으로 멋진 것이다. 누군가는 인간의 행幸과 불행은 거울의 발명에서 비롯되었다고도 하지만, 거울이 없다고 어찌 인간 모두에게 행, 불행이 없겠는가.
　거울이 없는 세계, 거기는 독선과 아집으로 충만하고, 잘남도 못남도, 옳고 그름도 모르는 채 모두가 제 잘난 맛에 살 것이 아닌가? 거울 앞에 서는 순간 우리는 때때로 나르시스가 되어 보기도 하고, 염세주의자가 되기도 한다. 잘난 사람에게는 살맛나게 하는 것이 거울이요, 못난 사람에게는 겸손의 미덕을 가르쳐 준다. 거울은 화장대 앞에 앉은 아내에게 행복을 일깨워주고, 화장실의 거울과 마주한 소시민 남편에게는 자신의 왜소함과 삶의 고통을 되새겨준다. 이처럼 거울은 사람에 따라 기쁨과 슬픔을, 밝음과 어둠을 드러내주는 속성을 지니고 있다. 그러므로 거울 앞에 서는 것은 따지고 보면 커다란 용기를 필요로 한다. 거울은 대상을 엄숙하게도 하고, 화려하게도 하고, 있는 그대로 들어 내기도하는 마력이 있다. 그러나 가만히 생각하면 인간이 지닌 거울이란 고작 세 개에 지나지 않는다. 그 하나는 오목렌즈로 만든 거울이다. 이것은 고전주의자의 것이며, 동시에 노인의 것이다. 그들은 대상의 다양성을 단순화시키고 몇 개의 규범으로 묶어 버린다. 이들은 엄숙함을 존중한다. 그리고 다른 하나는 프리즘으로 만든 거울이다. 이것은 낭만주의자의 것이며 동시에 젊은이가 애용하던 것이다. 그들에게 있어서 대상은 그들의 거울을 통과하는 순간 오색무지개로 바뀐다. 이들은 모두 나르시스들이다.

 마지막의 거울은 깨끗한 유리거울이다. 이것은 리얼리스트의 것이며, 현실 속에 뿌리내리며 사는 소시민의 것이다. 그들은 대상을 있는 그대로 드러내므로 세상으로부터 비난의 대상이 되기도 한다. 그러나 이들은 현실을 치장하지도 않을뿐더러 왜곡하지도 않으며 오직 '진실'만을 중시한다.

 그런데 오늘 우리는 그 투명한 유리거울이 외면된 채 이미 낡아버린 오목렌즈의 단순성에 눈멀고, 프리즘의 찬란한 빛깔에 현혹되어 있다는 생각이 없지 않다. 설령 현실이 어둡기 때문에 의식적으로 현실에서 도피하기 위해서라면 더더욱 잘못된 것이다. 현실의 어둠을 몰아내고 밝은 내일을 위해서 무엇보다 시급한 것은 대상의 '진실'을 볼 수 있는 깨끗한 유리거울을 장만하는 일이 아니겠는가?

역사 만들기

 요즘 온 나라가 온통 우루과이 라운드(UR)로 몸살을 앓고 있다는 느낌이다. 그리고 그것은 마치 경제문제만이 인간 삶의 전부이고 문화적 측면은 무시해도 좋다고 하는 것만 같아 씁쓸하다. 그러나 S.헌팅턴은 앞으로 세계적 충돌은 문명의 충돌에서 비롯된다고 예언하고 있다. 그 때 우리는 우리의 문화를 어떻게 지켜나갈 것인가 고민해야 할 것이다.

 몇 년 전, 나는 일본에 일 년간 머물 수 있는 기회가 있었다. 그 때 가까이 지내던 일본인 교수는 내가 연구실에서 책이나 뒤지고 있는 것을 매우 못마땅하게 생각하고 있었다. 그는 나에게 일본에 왔으니까 일본을 알고 가라고 충고했다. 책을 보는 것은 귀국하여도 얼마든지 가능한 것이지만 일본을 알 수 있는 것은 일본 사람을 만나는데서 비롯되며, 일본의 여러 곳을 다니며 일본의 풍물을 봄으로써 가능하지 않겠느냐는 것이었다. 그의 충고는 나의 일본생활을 완전히 바꾸어 놓았다. 그리하여 나는 시간을 내어 여러 곳을 다니게 되었다. 그리고 마침내 일본이란 나라는 경제대국만이 아니라 역사를 만드는 나라라는 느낌을 받게 되었다. 그 가운데 나라奈良공원에는 만엽집萬葉集 식물원이라는 것이 있는데 거기에는 만엽집(일본 最古의 歌集)에 나오는 식물을 그대로 재배하고 있으며, 조그만 시골에 있는 어떤 작가의 기념관 정원에는 그의 작품에 등장하는 식물만을 심어 그의 작품 이해를 돕고 있음을 보았다. 이러한 일은 언뜻 보면 대단한 일이 아니라고 할 수 있을지도 모른다. 역시 좀씨 같은 일본사람이나 생각함직한 일이라고 웃어 버릴 수도 있을지 모른다. 그러나 역사의 창조가 거창한 것만으로 이루어지는 것이 아니라 비록 초라하고, 조그만 것일지라도 거기에 새로운 의미를 부여하여 현재를 살고 있는 사람에게 강한 생명력으로 자리할 때 그것은 훌륭한 역사로 바뀌는 것임에 틀림없다.

그런데 우리는 어떠한가 생각해 보지 않을 수 없다. 금년은 <한국 방문의 해>라고 한다. 여기저기에 포스터가 붙고, 현수막이 내걸리고 있다. 정말 반가운 일이고, 감격스러운 일이다. 그것은 우리나라가 이제는 외국인에게 떳떳하게 우리의 실상을 보여 줄 자신이 있다는 반증이기도 하다. 그러나 가만히 생각하면 우리나라를 찾아오는 외국인에게 구체적으로 무엇을 보여줄 것인가? 오천 년의 문화민족, 동방예의지국, 발전하는 신흥 공업국. 외국인에게 보여주어야 할 것이 한두 가지가 아닐 것이다. 그러나 이러한 것들은 역사책 속에 유폐되어 있고, 기업체의 광고 선전에서나 힘쓰고 있는 것은 아닐까? 우리가 외국인에게 보여주어야 할 것은 외국 어디에서나 볼 수 있는 그런 것이어서는 안 된다. 진부한 이야기이지만 가장 한국적인 것이 가장 세계적이라는 말을 다시 한 번 생각해 볼 필요가 있다. 우리는 가능하면 우리의 것을 버리고 그 자리에 외국적인 것으로 메우려 하지 않았던가. 그것이야말로 부끄러운 과거를 청산하는 길이고, 발전하는 것이라고 힘주어 말하지 않았던가.

(1994)

여름옷의 아가씨들

 나는 봄에서 여름으로 넘어가는 그 때를 좋아한다. 이때는 이른 봄의 쌀랑함이나 한여름의 후덥지근함이 없어 좋고, 거기에다 볼 것이 많아서 좋다. 온 세상은 초록빛으로 우리 눈앞에 펼쳐지고, 해맑은 초록빛 사이로 갖가지 꽃들이 피어나는 계절이기도 하다. 이러한 계절 앞에 서면 우리는 순진무구한 동화의 주인공이 된다. 그러나 이런 것만으로 이때를 좋아한다면 아직 덜 자란 어린애일지도 모른다. 내가 초여름을 좋아하는 것은 관능적이다. 이른 봄의 쌀랑함이 가셔지면서 벚꽃이 바람에 흩날리고 정원의 모란이 풀풀 떨어지면 경쟁이나 하듯 긴 옷을 벗어 던지고 짧은 옷으로 갈아입고 거리를 나서는 여름옷의 아가씨를 눈이 시리도록 볼 수 있어서 정말 좋은 것이다. 봉곳이 솟아오른 두 가슴에는 마이산馬耳山이 얌전하게 자리 잡고, 곧게 치

솟아 오르는 두 다리에는 두륜산 삼나무가 자라고, 해맑은 웃음은 뱀사골을 휘돌아 흐르는 계곡물 소리다. 그리하여 거리에는 무수한 마이산과 두륜산 삼나무와 뱀사골 계곡물이 하나로 어우러져 온통 초록빛으로 가득하게 되고 그 맑고 건강한 빛깔의 끝없는 유혹 때문에 나는 일없이 혼자서 시내를 배회하는 것이다. 이런 거리의 모습을 보면서 나는 어윈 쇼우I. Show의 『여름옷의 아가씨들』을 생각하며 싱긋 웃어본다.

젊은 부부가 일요일에 외출을 하여 거리를 거닐지만 남편은 옆을 지나가는 아가씨들만을 바라보게 되고, 그 때마다 아내는 자기의 존재를 남편에게 확인시키지만 그것은 잠시일 뿐 같은 행동을 남편과 아내가 몇 차례 반복하고 돌아온다는 이야기다. 볼거리(?) 많은 곳으로 외출을 하면서 아내를 동반하는 남편의 단순함과 그 푸른 초원에 늑대를 끌고 가는 아내의 순진함에 나는 연민의 정과 함께 인간의 이중성을 동시에 확인한다. 그러나 진정 눈으로 볼 수 있는 것은 아주 적은 것임을 설거지하는 아내의 손끝에서 확인하는 또 다른 나를 본다.

(1994)

제3부
타락한 사회에서 길 찾기

세계화와 문명충돌

그 때를 아십니까?

노래방문화와 담론문화

지방화시대와 지역문화

건강한 사회를 위한 인간교육

휘청거리는 관광문화

잔인한 4월에 보내는 편지

학문, 인간 이해의 길

세계 속의 한국학

세계화와 문명충돌

몇 년 전부터인가 유치원에서 영어를 가르쳐야 한다는 주장과 함께 실제로 유치원에서 영어를 가르치고 있는 곳도 있다고 한다. 그리고 신문에서도 조기 영어교육을 강조하고 있음을 본다. 그런가 하면 금년도 어느 신설 지방대학에서는 대학에서 영어로 강의를 하겠다고 하여 우수학생이 몰려들었다고도 한다. 이러한 생각을 한 사람들은 분명 선견지명이 있는 사람들이라 칭찬할 만하고 우리 시대의 지도적 인사라 할만도 하다. 이들의 사고방식은 국정 최고 지도자의 생각보다 앞서있기 때문이다.

이러한 사회 일각의 분위기에 편승하듯 작년 이맘때는 세상이 온통 국제화로 몸살을 앓더니, 금년에는 세계화라는 이름으로 잽싸게 간판을 바꾸어 달자 백화점 바겐세일에 몰려드는 사람들처럼 이 대열에 참여하기 위하여 온 세상이 요란스럽다. 작년 세계를 휩쓸고 간 UR파고波高는 개방시대에 살아남기 위하여 새로운 국가전략을 마련하지 않을 수 없게 했고, 그 결과 새로운 국가 경영목표로 표방한 것이 다름 아닌 세계화 전략이라고 할 수 있을 것이다. 이러한 시대적 요구에 부응하여 모든 매스컴이 세계화의 방안을 제시하고 있음은 반가운 일이며 동시에 필요한 일임에 틀림없다. 그런데 여기에 문제가 없는 것도 아니다. 현상과 본질, 또는 목적과 수단에 대한 혼란이 그것이다. 세계화란 국가경영의 목적인가, 아니면 수단인가 하는 보다 본질적인 물음에 관심을 가져야 할 것이 아닌가? 우리는 때때로 겉으로 드러난 현상에 현혹되어 그 밑바닥에 감추어진 본질적 의미를 망각하는 경우가 허다하기 때문이다.

세계화란 본질적으로 우리가 이 지구상에 떳떳한 문명국가로 살아남기 위한 수단이지 그 자체가 궁극적 목표일 수는 없다. 따라서 우리가 나아가려는 세계화의 전단계로 우리의 것에 대한 올바른 이해가 있어야겠고, 그 토대 위에서 세계화를 향한 발걸음을 옮겨야 하겠고, 세계화가 이루어지고 난 뒤 우리의 모습을 예견해 보는 지혜가 필요한 것이다.

얼마 전 일본에 잠시 들른 일이 있다. 잘 알고 있는 일본 부인이 저녁 초대를 했다. 저녁을 먹으면서 한담을 하는 도

중 그녀는 한국은 아직도 남녀차별이 심하냐고 물으면서, 그 실례로 "한국에서는 여자가 아침에 물건을 빌리러 오면 재수가 없다고 한다면서요?"하고 물었다. 그래서 그 이야기는 누구에게 들었느냐고 했더니 한국에서 유학 온 젊은 경제학 교수에게서 들었다는 것이다. 그래서 나는 웃으면서 그렇지 않다고 했다. 그 속담의 표현은 마치 여자를 부정의 대상으로 이야기하고 있는 것 같지만 그 속에 담긴 의미는 다른 데 있다고 설명했다. 그것은 여자를 얕잡아 보려는 것이 아니라 현대사회와는 달리 농경사회에서는 다음 날 일을 예상할 수 있기 때문에 언제나 필요한 것은 미리 준비해 두라는 옛날 어른들의 경계警戒의 말이라고 설명해 주었다. 그랬더니 그 말속에 그런 깊은 뜻이 함축되어 있는 것을 몰랐다며 그녀는 내게 미안하다고 몇 차례 사과의 말을 했다. 그런데 진정 사과해야 할 사람은 그녀가 아니라 젊은 교수이고, 우리 것을 올바로 이해하지 못하는 경박함이라고 생각했다. 세계화를 위해 새로운 지식을 익히는 것도 중요하고, 유창하게 외국어를 구사하는 것도 중요한 일이다. 그러나 그 바탕에는 우리 것에 대한 올바른 이해와 애정이 전제되어야 하고, 우리의 것을 세계 속에 정당하게 자리매김하기 위한 방편이어야 함은 말할 필요가 없다.

  세계화는 분명 우리 민족의 생존 전략임에 틀림없다. 그런데 세계 속에 살아남는 것도 중요하지만 어떤 모습으로 살아남는가 하는 것은 더욱 중요하다. 단순히 경제적, 물질적 존재로 살아남느냐, 아니면 떳떳한 문화 민족으로 살아남느냐, 그것이 문제인 것이다. 그것은 세계의 중심을 어디에 둘 것인가 하는 문제이기도 하다. 따라서 자기 것을 바르게 아는 것이 세계화의 출발점이어야 한다. 그럼에도 불구하고 우리 것을 부정하거나 외면하고 세계화를 지향할 때 나타나게 될 결과는 불을 보듯 뻔하다. 프랑스에서 국어(프랑스어)정화 운동을 전개하자 많은 나라에서 국수주의적 태도라고 비난을 했다. 과거 일본 제국주의자들이 식민지 정책 가운데 하나로 우리의 전통적 풍습과 언어를 말살하려 했다는 것은 세계화로 첫발을 내딛는 우리가 음미해 볼 필요가 있을 것이다. 사무엘 헌팅턴 교수는 다가올 세계는 이데올로기가 아닌 문명의 충돌, 각국의 문화적 차이에 따른 대립의 시대로 예측했다. 그러면서 그는 서구문명과 함께 아시아, 특히 중국과 일본을 중시했다. 헌팅턴 교수가 새로운 문명권으로 일본을 중시한 것은 그들의 경제력 때문만은 아닐 것이다. 그들은 그들 나름의 새로운 문화를 창조하고 있다고 보고 있기 때문이다. 그런데 우리는 일본을 경제대국으로만 인정했지 새로운 문명권으로 생각하지 않았다. 우리는 일본에 언제 그들 고유의 문화가 존재하느냐고 반문한다. 그러나 일본은 명치시대 서구와 접촉을 하면서도 그들은 화혼양재和魂洋才를 이념으로 서구의 물질문명만을 수용하고 정신적으로는 그들의 정체성을 유지하는 것을 목표로 했던 것이다. 최근에는 더욱 그들 고유의 문화를 발굴하고 이를 세계화하려고 노력하고 있다. 그런데 지금 우리는 무엇을 위하여 세계화를 꿈꾸고 있는가? 경제적 부를 누리기 위한 것인가, 아니면 문화국민으로 세계문화에 동참하기 위한 것인가? 숱하게 쏟아지는 세계화의 방법론 속에 우리 문화의 세계화나 재발견의 필요성을 주장하는 목소리를 들을 수 없음은 안타까운 일이다. 진정한 세계화는 획일화된 세계가 아니라 다양한 문화가 연출하는 오케스트라와 같은 것이어야 할 것이다. 이를 위해 우리의 세계화 전략은 우리의 삶의 질을 높일 수 있는 새로운 문화를 창출하는 또 다른 계기가 되어야 할 것이다.

(1995)

그 때를 아십니까?

    내가 갖고 있는 많은 사진 가운데에서 나는 헐벗고 가난했던 초등학교 시절의 사진을 가장 소중히 생각한다. 빡빡 깎은 머리에 검정 광목으로 만든 바지저고리, 그리고 검정 고무신을 신고 나지막한 초가집 툇마루에 석상처럼 앉아 있는 모습을 보고 있노라면 괜히 눈시울이 뜨거워지고 목구멍으로는 무언가 솟구쳐 오르는 듯 한 감정을 억제할 길이 없다. 이런 사진을 유독 나만이 지니고 있는 것은 아닐 것이다. 어쩌면 40년대에서 50년대에 유년기를 보낸 대부분의 사람들은 이런 유형의 사진을 한 두 장쯤은 지니고 있을 것이다. 그 사진 속에는 참으로 많은 것들이 함축되어 있다. 죽음만큼이나 무서웠던 보릿고개, 끊임없이 흘러내리던 희멀건 콧물, 대나무 대롱에 끼워 글을 쓰던 몽당연필, 그리고 밤이면 희미한 호롱불 밑에서 낡은 옷을 벗어놓고 이를 잡던 모습 따위를 생각하게 해준다. 그것은 누구에게 자랑할 만한 일도 아니고 어쩌면 부끄러운 과거인지도 모른다. 그러나 나는 때때로 그 사진을 들춰보며 요즈음 나의 게으름과 퇴폐적 졸부근성을 되돌아보기도 한다. 이런 추억은 나만 갖고 있는 것은 아닐지도 모른다.

지난 해 방송했던 <그 때를 아십니까>라는 프로는 장년층뿐만 아니라 젊은 사람들에게까지 우리의 지난날을 되돌아보게 하는 계기를 마련해 주었고, 오늘 우리의 풍요로움이 어느 날 갑자기 찾아 온 것이 아니라 그 어려웠던 세월을 억척스럽게 살아온 결과임을 다시 한 번 확인시켜 주었다. 조금은 부끄럽고, 그리하여 숨기고 싶었던 지난날이 어느 만큼 물질적으로나, 정신적으로 풍요로워진 지금 오히려 그 때 그 어두웠던 시절이 자랑스러운 모습으로 부각되고 퇴폐적 일상에서 벗어나도록 해주었다고 한다면 지나치게 감상적이고, 조금은 과장된 표현이라고 비난할까? 그러나 가만히 생각하면 부끄러운 과거였기에 자랑스러울 수 있는 것은 이제 우리들 삶이 지난 날 고난에 찬 시절들을 여유로운 마음으로 바라볼 수 있을 만큼 정신적으로나 물질적으로 풍요롭기 때문일 것이다. 그리하여 우리는 지나간 것은 아름다웠다고 노래할 수 있는 것이다.

그런데 이와는 달리 어느 한 쪽에서는 지나간 시절의 온갖 것들을 허물기에 안간힘을 쏟고 있음을 본다. 부끄러운 과거라는 이유로, 아니면 도시의 발전이란 미명으로 지난 날의 많은 유무형의 역사를 흔적도 없이 허물어버리고 있는 것이다. 이런 현상은 필요한 것과 소중한 것을 가리지 못하는데서 비롯된 것이라 할 수 있다. 이를테면 지난 해 결정된 사실이긴 하지만 조선총독부 건물을 헐기 위하여 오는 3·1절에 철거 고유제告由祭를 성대하게 치른다고 한다. 그리고 대법원 청사도 헐어 버릴 계획이라고 한다. 일제 36년, 치욕의 역사를 상징하는 총독부 건물이나 독립운동가를 잡아 처형을 일삼던 대법원 청사를 헐어버리는 것은 민족의 정서에 부합되는 일인지도 모른다. 이들 건물들이야말로 일제 침략의 대표적 징표임을 누가 부정하겠는가?

그러나 역사적 사실을 감정적으로 대응하는 것만큼 어리석은 일은 없을 것이다. 부끄럽고 치욕스런 역사적 흔적이라 하여 설령 그것을 헐어버린다고 치욕의 역사가 없어지는 것은 아닐 것이다. 그것들은 분명 우리에게 부끄러운 역사의 현장이자 동시에 소중한 역사적 현장이기도 한 것이다. 따라서 그것들을 어쩔 수 없이 헐어버려야 한다면 다른 곳으로 이전이라도 하여 놓고 흐트러지는 민족정기를 바로 잡는 도장으로 삼아야 할 것이다. 보기 싫은 것은 없애버리고, 기억하고 싶지 않는 것은 의식적으로 기억에서 지워버림으로 문제를 해결하려고 하는 것은 문제를 해결하는 것이 아니라 새로운 문제를 야기하는 것으로 치졸하기 짝이 없다. 이런 치졸함은 우리의 반세기 정치판과 흡사하다.

 진정한 역사는 역사적 사실을 부정하거나 지워버리는 데서 가능한 것이 아니라 그것을 극복하고 부끄러웠던 역사를 재현해서는 안 된다는 투철한 역사의식이 필요한 것이다. 어느 대가 시인은 스스로 "애비는 종이었다."고 큰소리로 노래하고 있음을 본다. 그것은 자신의 부끄러움을 모르는 뻔뻔스러움이 아니라 지난날의 부끄러움을 반복하지 않으려는 피맺힌 절규임에 분명한 것이다. 지나간 슬픈 역사가 어찌 자랑스러울 수 있겠는가? 그러나 부끄러운 과거를 돌아보면서 보다 나은 내일을 창조하려는 용기야말로 진정 자랑스러운 일이 아니겠는가? 그런 의미에서 치욕의 역사란 영광스런 역사의 또 다른 모습일 뿐 소중한 것임을 간과해서는 안 될 것이다.

(1995)

노래방문화와 담론문화

얼마 전 아내는 밤12시가 넘어서 귀가했다. 어떤 모임에 갔다가 저녁을 먹고 노래방에 가서 한 곡을 뽑고 왔다고 했다. 즐거웠느냐고 했더니 스트레스로 가득했던 가슴이 펑 뚫린 것 같다고 하면서 매우 흐뭇한 표정이었다.

언제부터인가는 분명하지 않지만 일본의 저질 대중문화를 이 땅에서 몰아내어야 한다는 소리와는 달리 노래방문화는 남녀노소를 막론하고, 때와 장소를 가리지 않고 우리 주변에 기세 좋게 자리를 차지하고 있다. 사실 노래를 부를 수 있다는 것은 즐거운 일이며, 노래를 부르는 것은 더욱 신나는 일이다. 우리 민족은 예로부터 가무를 즐겨한 것으로 알려져 왔다. 먼 옛날 신라시대에는 저녁이면 거리마다 노래 소리가 끊이지 않았다고 기록되어 있는 것을 보아도 잘 알 수 있다. 아니면 옛날부터 우리 민족은 다른 민족에

비하여 말 못할 스트레스가 많았는지도 모른다. 그것은 저 신라시대의 처용랑處容郞 이야기를 보아도 알 수 있을 것이다. 동해 용왕의 아들인 처용랑이 신라의 관리가 되어 경주에 입성하여 예쁜 처녀를 만나 결혼을 하고 밤늦게까지 외출을 하고 돌아와 보니 아내가 외간 남자와 동침을 하고 있었던 것이다. 그 순간 처용랑은 가슴이 터져 나가는 아픔을 느꼈을 것이다. 그러나 그는 화를 내거나 아내의 머리채를 휘어잡고 매질을 하기는커녕 오히려 유유히 노래를 불렀다고 한다. 이 얼마나 기막힌 일인가? 이쯤 되고 보면 노래는 이미 노래로서가 아니라 한 맺힌 사연이 되고, 주술이 되는 것이다. 그래서 그런지 우리의 노래를 들으면 밝고, 건강한 것보다는 조금은 애수와 한을 지닌 노래가 많음도 결코 우연이 아닌지 모르겠다. 그것은 끊임없이 외세에 짓밟히는 가운데서도 용케 명맥을 유지해 온 우리의 역사와 일정한 관련이 있는 것인지도 모른다.

   노래는, 특히 대중들이 즐겨 부르는 노래는 그 시대를 반영하고 있다고 하지 않는가. 그런데 최근 백화점 같은 곳에서 운영하는 문화 강좌 가운데 가장 인기 있는 것이 주부 가요교실이고 다른 강좌는 사람을 채우지 못하여 폐강하기가 일쑤라고 한다. 이렇게 보면 최근 전국을 휩쓸고 있는 노래방문화는 우리 문화의 현주소를 말해 주는 것이라 해도 과언이 아닐 것이다. 노래방은 특정한 장소에만 마련되어 있는 것이 아니라 기업체의 휴게실을 비롯하여 관공서 민원 봉사실에도 설치되어 있고, 심지어 어느 병원의 환자 대기실에도 설치되어 있다고 한다. 이처럼 노래방 문화는 때와 장소를 가리지 않고 우리를 지배하고 있는 것이다.

　노래방 문화가 우리의 생활에서 이야기 문화를 사라지게 하고 있다는데 문제의 심각성이 있다. 우리는 기억하고 있다. 우리가 어렸을 때 할머니나 어머니가 들려주던 옛날 이야기를 들으면서 위인의 삶을 배우고, 착함과 악함에 눈뜬 사실을. 그리고 우리는 다정한 친구와 어울려 밤새워 이야기하던 지난날의 풋풋한 시간을 기억하고 있는 것이다. 그리고 우리말에는 정다운 사람끼리 이야기 할 때 곧잘 쓰이는 표현법이 있다. 이를테면 '소곤소곤', '도란도란' 또는 '속살거린다'는 말들이 그것이다. 정다운 사람과 만나 귀에 입을 대고 무언가 모를 이야기를 주고받는 모습을 보면 정겹기 이를 데 없다.

　그런데 언제부터인가 설령 단둘이서 이야기를 하는 경우에도 마치 싸움이나 하는 듯이 큰소리로 함부로 지껄이고 있는 것을 보노라면 눈살이 찌푸려지는 것이다. 때와 장소를 가리지 않고 몇 사람이 모여 이야기하는 것을 보면 싸움터에서나 볼 수 있는 높은 목소리로 자기의 주장만을 펴

들어대고 있음을 본다. 이러한 이야기는 이미 이야기가 아니며, 상대방과의 교감이 아니라 자기의 주장을 일방적으로 강요하는 살벌한 자리가 되고 만다. 심지어 문명의 이기인 휴대용 전화기와 삐삐의 보급은 우리의 담론문화를 완전히 파괴하고 있다. 휴대용 전화기 이야기에 곁들여 웃지 못 할 일도 많다. 어느 호텔의 화장실에서 큰소리로 통화를 하고 있는 것을 들으며 처연한 심사를 가눌 수 없었다. 이들이 '소곤소곤' 이야기한다는 것은 처음부터 불가능하다. 일찍이 이태리 말은 노래에 적합하고, 프랑스어는 시에, 영어는 비즈니스에, 일본어는 사교에 적합하다고 하지만 요즘에 와서 우리말은 싸움에 적합한 것인지도 모른다. 이런 현상은 따지고 보면 우리가 지나치게 경제적 성장을 앞세워 경제적 인간만을 양성하는데 급급했지 경제 성장을 뒷받침할 교양 있는 인간을 육성하는데 소홀한 탓임에 틀림없다.

70년대 이후 우리나라는 급격한 경제성장을 했지만 그와 반대로 우리의 고급문화는 거품경제 속에 부유하게 되었고, 여기에 조금도 관심을 두지 않았기 때문에 '졸부문화'만이 판을 치는 세상이 된 것이다. '졸부문화'란 오랜 문화적 훈련이 필요하지 않고 돈으로 쉽사리 향유할 수 있는 것으로서 일시적으로는 현실적 고통과 스트레스를 해소해 줄 수 있을지는 모르지만, 그것이 진정으로 자기실현을 가능케 해줄 수 없다. 현실을 살면서 우리가 직면하는 고통과 스트레스는 순간적으로 잊어버린다고 해소되는 것이 아니라 인간이기 때문에 마주쳐야할 본질적 문제인 것이다. 그러므로 거기에서 회피할 것이 아니라 본질을 정면으로 투시하고 새로운 삶의 방법을 찾는 용기가 필요한 것이다. 그것은 바로 나의 생각과 남의 생각을 견주어 보고 거기에서 새로운 삶의 의미를 발견하는 일이어야 한다. 그것이 다름 아닌 담론 문화라 하겠다. 담론은 오랜 준비와 폭넓은 교양이 바탕이 되지 않고서 실현될 수 없음은 물론이다. 쉽고, 화려하고, 편리한 것이 좋은 것이 아니라 조금은 시간이 걸리고 힘들더라도 그것이 진정으로 자기실현을 가져오는 길이라면 이 또한 외면해서는 안 될 것이다. 즉물적이고, 감각적이며, 편의성만을 중시하는 경박한 삶의 방식에서 한 걸음 벗어나 너와 내가 보다 깊이 있게 교감할 수 있는 것은 가슴과 가슴을 맺어주는 다사로운 대화일 수밖에 없다. 그리하여 언제 어디서든 다정한 친구와 만나면 '소곤소곤' 이야기할 수 있는 담론문화가 다시 꽃필 때 우리의 삶은 보다 풍요로워 질 것이다.

(1995)

지방화시대와 지역문화

　서울 사람들은 서울 이외의 곳을 시골이라고 곧잘 부른다. 이를테면 추석과 같은 명절에 고향에 가는 것을 시골 다녀온다고 한다. 그 말속에는 두 가지 의미가 함축되어 있다고 생각한다. 하나는 한국의 중심은 서울이고 여타의 지역은 서울의 변방으로 시골의 냄새를 지니고 있다는 서울 중심적 사고방식이고, 다른 하나는 서울 이외의 지방에서 고향이 주는 푸근한 정을 느끼고 있음을 의미하는 것이라고 할 수 있다. 이처럼 서울 사람들이 갖고 있는 지방에 대한 이중적 사고는 서울 사람만이 갖고 있는 것이 아니라 자신이 살고 있는 곳보다 문명의 혜택을 덜 받고 있는 곳을 시골로 생각하는 경향이 우세하다. 이러한 사고방식은 마침내 모든 것을 서열화 하기에 이르렀고, 심지어 문화마저도 시열화하고 획일화하는 결과를 낳았다. 따라서 이러한 서열화 내지 획일화에 의한 서울 중심적 사고방식은 서울에 살고 있는 사람에게는 강한 자부심을 갖게 해주었고, 여타의 지역에 살고 있는 사람에게는 심한 패배감을 안겨주었으며, 급기야 무작정 서울로 삶의 터전을 옮기게 하거나, 그것도 아니면 서울을 모방하게 만들었다. 그 결과 지방은 지방 고유의 모양과 색깔을 잃어버리고 멀리 서울 하늘만 쳐다보게 된 것이 오늘의 현실이다.

이제 세상은 바뀌어져 가고 있다. 금년을 정치계에서는 지방화의 원년으로 규정하고 있으며, 모든 매스컴은 지방자치에 대해 대서특필을 하고 있다. 반가운 현상이고, 기대해봄직한 일이다. 그러면서도 지방화, 혹은 지방자치가 지나치게 정치, 경제적 측면에 많은 비중을 두고 있다는 사실에 대하여 다시 한 번 반성할 필요가 있지 않을까 한다. 과거의 정치가 국리민복을 위하기보다는 특정집단의 이익을 추구하는데 한몫을 했고, 지나친 경제 제일주의가 물질적 인간만을 양산했다는 사실을 현재 우리가 목격하고 있기 때문이다. 이러한 현상은 정신문화를 경시한데서 온 필연적 결과라는 사실도 의식 있는 사람은 한결같이 느끼고 있다. 따라서 지방화가 단순히 지방행정을 맡을 책임자를 선출하고 지역경제를 활성화하는 것을 의미한다면 그것은 또 다른 서울지향의 변형에 지나지 않거나, 아니면 서울지향을 더욱 가속화하는 길밖에 되지 않을 것이다. 지방화의 진정한 방향은 건전한 지방색을 확립하고 육성해 가는 일이라고 할 수 있다.

  지방색이란 한 지역이 지니고 있는 특별한 자연이나 인정, 또는 풍속 등 그 지방의 특색을 말하는 것으로 이를테면 '향토색'이라고 할 수 있을 것이다. 물론 지방색이란 말 속에는 부정적인 요소가 없지도 않다. 그것은 같은 지방 출신자끼리 서로 동아리를 지어 다른 지방 사람을 배척, 비방하는 파벌적인 색채를 의미하는 경우이다. 특히 이러한 부정적 의미를 몇몇 정치가는 지역감정으로 변질시켜 정치적으로 악용하기에 이르렀고, 그러한 악의에 찬 선동에 현혹되어 숱한 비극을 맛보기도 했다. 그 결과 지방색이란 이 땅에서 완전히 없어져야 할 것으로 생각하는 경향마저 낳았다. 그러나 가만히 생각해 보라. 옛시古詩에도 "북쪽에서 온 말은 북쪽바람을 향해 서고, 남쪽에서 온 새는 남쪽 가지에 앉는다.胡馬依北風 越鳥巢南枝"고 했듯이 지방색은 뜨거운 향토애와 맞닿아 있기 때문에 그것이 극단적으로 흐르지 않는 한 지방색은 부정의 대상이 아니라 보다 건전한 방향으로 키워가야 할 것이다.

  인간이 향유하는 문화란 본질적으로 풍토가 낳은 특수한 산물이며, 한 지역의 문화 이해는 지방색을 이해할 때만 가능하기 때문이다. 언어, 풍습, 심지어 인간의 의식구조까지 지역적 특수성에 의하여 차이를 드러내고 있는 것임을 외면할 수 없을 것이다. 따라서 한 지방문화는 다른 지방의 문화와 다를수록 값진 것이다. 여기에서 문화의 우열이 존재할 수 없음은 물론이다. 오직 서로 다른 지방문화를 이해하고 인정해 주려는 마음이 우리에게 필요한 것이다.

지방문화를 확립, 육성하기 위해서는 무엇보다 먼저 그 지방의 특수성을 인식하는 데서 비롯되어야 한다. 그리고 이를 구체화할 수 있는 제도적 장치를 마련하는 한편, 의식의 전환이 필요한 것이다. 이를 위해서는 무엇보다 제도적 장치로서 지방자치는 필수적 요건이라 할 수 있을 것이다. 최근 초등학교의 사회과목이 획일화된 교과내용에서 탈피하여 각 지방에 따라 교과내용을 달리하고 있는 것이야말로 지방화시대에 부응하는 조치라 할 수 있다. 이와 같이 지역적 특수성을 알고 이에 바탕을 둔 건전한 지방문화 육성이야말로 우리 문화의 폭과 깊이를 더해 줄 수 있게 될 것이다.

이제 우리는 서울지향의 사고방식에서 일대 전환이 필요하다. 그리고 향토애에 바탕을 둔 건전한 지방문화를 확립, 육성하기 위한 방안을 마련해야 한다. 무엇보다도 급한 일은 먼저 지방문화를 육성하고 발전시킬 수 있는 인재의 양성이다. 지역에 있는 각급 학교와 함께 행정기관 및 지역에 있는 기업체가 공동으로 담당해야 할 몫이다. 그런가 하면 지역민은 지역문화에 대한 올바른 이해와 자긍심을 갖는 것과 함께 공동체 의식을 함양해야 한다. 우리는 예로부터 각 지방마다 다양한 전통문화를 향유해 왔다. 이러한 전통문화의 계승이야말로 극도로 개인주의적, 물질주의적 경향에 사로잡혀 있는 우리에게 공동체의식을 확립시켜 줄 수 있을 것이다. 따라서 지역의 전통문화를 발굴, 계승하는 것과 동시에 지역적 특수성에 바탕을 둔 새로운 지역문화를 창조하려는 노력이 절실히 요청되는 것이다.

이제 새로이 전개되는 지방화시대는 획일화된 삶의 양식에서 벗어나야 한다. 진정한 지방화는 독자적인 지방문화를 향유할 때만 가능한 것이고, 각 지방마다 다양한 문화를 창출할 때 우리의 민족문화는 다채로워지고 우리의 삶 또한 건전하고 다양할 수 있을 것이다. 그러므로 우리는 다가오는 지방자치 선거에서 건전한 지방색에 바탕을 둔 지역문화를 꽃피울 수 있는 훌륭한 연출가가 나타나기를 기대하는 것이다.

(1995)

건강한 사회를 위한 인간교육

　지금 우리는 어디에 살고 있으며, 어디로 가고 있는가? 최근 우리 사회를 두고 어느 신문에서는 '사고공화국事故共和國'이라 했고, 어느 누구는 '무정부시대'라고 자조적인 표현을 하기도 했다. 그런가 하면 대부분의 소시민들은 신문 보기가 겁난다고 한다. 그도 그럴 것이 어느 것 하나 온전하고, 건전하게 되어 가는 것이 없기 때문이다. 하늘을 나는 비행기가 곤두박질을 하고, 유람선이 가라앉고, 다리가 두 동강이 나고, 아파트가 기울어지고, 땅 밑에 묻혀있는 가스가 폭발하여 숱한 목숨이 하루아침에 사라지고 있는데 다른 한쪽에서는 '지역패권주의'를, '신3김시대新3金時代'를 들먹이고 있는 것을 보노라면 참담한 심정으로 우리들 스스로 묻지 않을 수 없다. 지금 우리는 어디에 살고 있으며, 어디로 가고 있는가? 하고.

그런데 '사고 공화국'이나 '무정부시대'가 어느 날 갑자기 나타난 것이 아니라 오랜 세월에 걸쳐 암종癌腫처럼 자라났으며 그것이 서로 얽히고설키어 어디에서, 어떻게 손을 써야할지 모를 만큼 심각한 지경에 이르렀다는데 문제의 심각성이 있다. 그것은 위정자나 기업가의 책임만이 아니라 그 피해 당사자인 우리 모두의 책임이라는 사실을 명심하고 뼈아픈 자기반성이 있지 않으면 안 될 것이다. 어느 기업가가 한국의 정치는 4류, 관료는 3류, 기업은 2류라 하여 구설수에 오른 일도 있지만, 4류 정치가를 뽑아주고, 3류 관료의 서슬에 기죽어 지낸 우리 국민은 5류인지도 모른다. 따라서 우리가 처한 이 위기를 극복하기 위해서는 5류로 전락한 국민이 누구를 탓하기 전에 건강한 사회를 만들기 위해 새롭게 눈뜨지 않으면 안 될 것이다. 지금 우리에게 시급한 것은 무엇보다 먼저 모순과 부조리로 가득한 현실극복을 위하여 올바른 가치관의 확립과 함께 이를 지속적으로 수행할 수 있는 교육개혁을 비롯한 사회의 제도적 장치를 마련하는 일이다.

얼마 전 정부는 새로운 교육을 위한 10대 실천과제를 발표한 바 있다. 그러나 정부가 제시하고 있는 교육 개혁의 과제는 본질적인 문제의 개혁이라기보다는 어떤 의미에서 지엽적인 문제라 할 수 있겠다. 다시 말하면 이번의 교육개혁의 과제가 입시제도로 야기된 학교교육의 폐단을 어느 만큼 해소시켜 줄 수 있을지는 모르지만 그러한 개혁 과제가 충실히 이루어진다 해도 과연 지금의 사회적 모순이나 부조리, 그리고 물질적이고 이기적 욕망에 사로잡혀 있는 인간성이 얼마나 치유되고 극복될 수 있을까 하는 것을 생각하면 회의적이기 때문이다. 사회적 제도나 가치관은 그대로 방치하여 둔 채 학교교육이나 입시제도 따위를 임시방편으로 바꿔치기 한다고 우리가 기대하는 목적을 달성할 수 없음은 자명한 일이다. 그런가 하면 국민이 보여주고 있는 높은 교육열도 건전한 것이라기보다는 우리의 교육을 파행적으로 끌고 가는데 한 몫을 했다고 해도 과언은 아닐 것이다. 그리고 교육은 마치 학교에서만 이루어진다고 생각하거나 학교교육은 이 사회와는 무관한 독자적인 세계인양 생각하는데서 문제가 뒤틀리기 시작한 것이다.

이러한 혼란은 무엇보다 우리가 목표로 하는 사회는 어떠한 사회이며, 그러한 사회에서 필요로 하는 인간은 어떠한 인간이어야 할 것인가 하는 본질적 물음이 결여된 채 개인적 이해에 따른 지엽적인 문제에만 관심을 보인 탓이라 하지 않을 수 없다. 똑똑하고 이기적인 인간을 우리 사회가 필요로 한다면 지금의 제도야말로 안성맞춤이다. 물질적 욕망에 사로잡혀 있는 경제적 인간이 유능한 인물이라고 한다면 역시 지금의 제도가 바람직한 것이다. 내 아이만이 최고이고 다른 애들과 달라야 한다는 사고방식에 젖어있는 엄마에겐 지금의 제도는 최선의 제도이다. 일류대학을 나온 사람만이 유능한 사원이 될 수 있다고 생각하는 기업가에게도 오늘의 교육제도는 제격이다. 지금의 교육은 분명 우리 사회의 잘못된 가치관, 인간관을 그대로 반영하고 있다. 지금의 교육제도는 똑똑하고 이기적인 인간을 양산하기에 급급했고, 물질적 탐욕만을 부추겨 왔고, 나만이 최고라고 생각하는 독선적 인간을 키워왔고, 학벌위주의 사회를 만들어 놓았다. 이 비뚤어진 사회의 가치관, 인간관이 지금 우리 사회에 얼마나 큰 해악을 주고 있는가를 도처에서 보고 있는 것이다.

진정 우리가 지향해야 할 사회는 인간이 지니고 있는 다양한 능력을 인정하고, 인간의 품성을 중시하며, 이웃과 함께 하는 성실한 사람들이 만들어 가는 건강한 사회라야 할 것이다. 그리고 이러한 목표는 전 사회 구성원이 합의에 따라 확고히 자리 잡을 수 있고, 이에 부응하는 인간을 키울 수 있는 제도적 장치를 마련할 수 있을 것이다. 무엇보다 시급한 것은 서열화와 획일화를 극복할 수 있는 방안을 마련하는 일이다. 서열화는 한 가지 척도만으로 인간을 판단하는데서 비롯되었다. 인간의 능력을 국어, 영어, 수학과 같은 단순지식으로 재단하려는 사고는 인간을, 학교를, 기업을 서열화했고, 모든 것을 획일화시켰다는 사실을 망각해서는 안 될 것이다. 서열화나 획일화를 극복하기 위해서는 인간의 능력을 그 역할에 따라 판단할 수 있는 다양한 기준이 학교, 기업체, 관공서에 따라 마련되어야 한다. 그리고 이것이 더욱 세분되어 전공학과나 맡아야 할 일의 성격에 따라 제각각 마련되어야 할 것이며, 다양한 기준은 각자 그 나름의 능력을 인정받을 수 있게 할 것이다. 남의 능력을 올바르게 평가 해주고 자기의 능력을 제대로 인정받으면서 자신에게 주어진 일을 성실하게 수행할 수 있는 사회가 바로 가장 건강한 사회일 수 있다. 자신의 능력을 인정받고 있다는 사실을 알고 있을 때 사람은 성실해지기 마련이고 자기가 맡은 일에 무거운 책임감을 갖게 될 것이다. 이와 반대로 누구에게도 인정받지 못하는 사람은 스스로 책임질 일도 없음은 당연한 일이다. 옛말에 "군자는 자기를 알아주는 사람을 위하여 목숨을 버릴 수 있다."고 하지 않았던가. 이제 우리의 과제는 인간의 다양한 능력을 올바르게 판단하고 그것을 인정해 줄 수 있는 사회적 제도를 마련하는 일이어야 한다.

(1995)

휘청거리는 관광문화

언제부터인가는 확실히 모르지만 관광은 우리의 생활 가운데 중요한 자리를 차지하고 있다. 이런 현상은 무엇보다도 우리의 경제적 성장과 일정한 관계가 있을 것이다. 틀에 박힌 일상에서 벗어나 짧은 여가를 즐기려는 도시인들에게 여행은 도시의 소음과 공해에서 벗어나 조용한 교외나 산사山寺에서 자연의 거룩한 뜻을 마음으로 받아들이고 자신의 삶을 반성하고 새로운 삶을 설계할 수 있는 멋진 기회이다. 그리고 유적지를 찾는 여행은 우리 선조들의 영욕榮辱의 현장을 확인하면서 오늘날 우리의 삶을 돌아볼 수 있는 계기를 마련해 줄 수 있을 것이다. 그런가 하면 최근에는 국제화시대에 걸맞게 때와 장소를 가리지 않고 세계 각지로 떠나 외국의 유적과 문화의 현장을 보면서 우리의 현실을 확인할 수 있는 해외여행이 <붐>을 이루고 있음은 참으로 기분 좋은 일이다. 그리고 실제로 여행을 떠나지는 못하더라도 여행을 생각하고 지난날 여행의 기억을 반추하는 것만으로도 생활이 풍요로워짐을 느끼게 되는 것이다. 이처럼 여행은 우리의 견문을 넓히고 새로운 것과의 만남에서 오는 신선한 충격을 통하여 삶의 의욕을 갖게 해주는 활력소의 구실을 하는 것이다. 그리하여 옛부터 한 번의 여행은 백 권의 책을 읽는 것보다 얻는 것이 많다고 했던 것이다.

그러나 우리의 관광문화는 이러한 건강한 면보다는 부작용을 낳는 경우가 허다하다. 그리하여 국내관광은 타락관광으로 불리어지고 외국 관광은 무례한 한국인상을 심는 것이 고작이라는 비난을 감수해야 할 처지에 놓여 있는 것도 숨길 수 없다. 따라서 이제 우리는 생활의 일부가 된 관광문화를 건강하고 올바른 방향으로 정착시키기 위하여 깊은 반성과 노력을 동시에 해야 할 것이다.

최근 우리 주변에는 또다시 선거열기와 함께 전국적으로 관광 붐이 일고 있다. 이러한 유형의 관광은 말이 관광이지 먹고 마시고 춤추기 위한 유흥의 현장이거나 심하게 말하면 타락의 현장이라는데 문제의 심각성이 있다. 새벽같이 이른 아침 차에 오르기만 하면 한 차례 술잔이 오가고 시내를 벗어나기만 하면 노래를 부르고 이에 맞추어 남녀가 어울려 춤을 추고 관광지에 도착하면 관광은 뒷전이고 한 차 가득 싣고 온 술과 음식을 먹고 다시 노래와 춤을 추는 반복된 행위로 하루를 보내는 것이다. 지난 주 우리는 덕유산 산행을 했다. 오후에 무주구천동 주차장에 도착하고 보니 즐비하게 늘어선 관광버스 안에는 중년 남녀들이 한데 어우러져 노래하고 춤추는 것이 마치 도시의 어느 회관을 방불케 했다. 유일하게 조용한 우리 버스에 관광버스의 기사들이 모여들어 모두들 한 목소리로 한탄과 비난을 쏟아 놓고 있었다. 한마디로 관광이 아니라 난장판이라는 것이다. 그들의 말에 의하면 어느 관광그룹이고 변변한 안내자는커녕 인솔자도 없이 차 속에서 마시고 노래하고 춤추면서 하루를 보내는 것이 고작이라는 것이다. 그런가 하면 티켓제 관광이라고도 불리는 회원모집에 의한 관광은 아침에 차가 출발하면 곧바로 추첨으로 파트너를 정하게 되는데 이 과정에서 서로 마음이 드는 짝은 사랑나누기에 열중이고 서로 맘이 맞지 않는 팀은 화풀이 하듯 술과 노래와 춤에 미치게 된다고 했다. 그리하여 도착할 무렵이면 모두들 사랑에 취하고 술에 취하여 어디를 다녀 온 것인지도 몰라 관광버스 기사에게 자신들의 관광 코스를 가르쳐 달라고 부탁한다고 했다. 이런 현상은 어쩌면 오늘날 우리의 관광문화의 현주소가 아닐까 한다. 그렇다고 어느 누군들이들의 관광 행태에 대하여 진정으로 돌팔매질을 할 수 있을까? 어느 누구도 관광의 의미를 올바르게 가르쳐 준 일도 없었고, 배운 일도 없는 것이다. 초중등 학교에서 실시하는 수학여행이란 이름의 관광행사가 있긴 하지만 이것 역시 앞에서 지적한 관광 행태와 별다른 차이가 없다는 점이 이를 말해 주고 있다. 그런가 하면 관광지에 조금 관심을 갖고 있는 사람의 경우에도 그들의 관심을 풀어 줄 만한 조그만 관광 안내책자도 없는 것이 현실이다. 관광지에 즐비한 상점에는 관광지의 안내책자는 찾아 볼 수 없고 어디에서나 볼 수 있는 판에 박힌 상품뿐이고 어쩌다 관광지에 세워져 있는 안내판은 너무나 소략하여 별다른 도움이 되지 않는 것이 현실이다. 그러고 보면 그곳이 그곳이고 그 절이 그 절이라는 생각에 젖어드는 것이 당연한 일인지도 모른다. 이 얼마나 부끄럽고 기막힌 우리의 관광문화인가!

그러나 아직 절망할 단계는 아닌 것이다. 최근 어느 교수가 쓴 문화유산 답사기가 장기간 베스트셀러가 되고 있다는 것은 우리의 관광문화가 방향전환을 하고 있음을 예고해 주고 있다. 아무런 사전 지식 없이 단순히 처음으로 보는 우리의 관광자원은 고작 호기심의 대상이거나 여행객이 찍는 사진의 배경 구실밖에 할 수 없는 것이다. 따라서 가장 시급한 것은 새로운 관광문화를 확립하기 위한 제도적 장치를 마련하는 일이어야 한다. 물론 관광객 스스로 자신이 관광하려는 곳에 대한 사전 지식을 충분히 갖고 떠나는 것이 바람직한 일이지만 일반 관광객은 아무런 지식도 갖지 못한 채 관광을 떠나는 것이 일반적 현상이다. 그러므로 관광회사가 전문 관광 가이드를 동행시켜 관광의 의미와 함께 관광지의 정확한 정보를 관광객에게 제공할 수 있어야 한다. 그런가 하면 박물관이나 사찰과 같이 별도의 관람료를 받고 관광객을 입장시키는 곳에서는 전문가를 배치시켜 의무적으로 그 곳에 있는 유적에 대하여 설명해 줌으로써 관람자의 이해에 도움을 주고 올바른 정보를 제공해 주어야 한다. 그리고 이와 함께 안내책자를 발간하여 여행에서 돌아와 보고들은 것을 체계화할 수 있도록 도와주어야 할 것이다. 이러한 제도적 장치가 마련되지 않는 한 우리의 관광문화는 고작 술 마시고 노래하고 춤추다 돌아오는 광란의 관광 행태만이 범람하게 될 것은 자명한 이치이다.

견문을 넓힐 수 있는 관광, 새로운 삶의 활력소가 될 수 있는 관광문화는 아무런 투자 없이 확립될 수 없다는 사실을 관광객과 우리 사회가 다 같이 인식하지 않으면 안 될 것이다.

(1995)

잔인한 4월에 보내는 편지

K형, 지금 남녘 마산에는 벚꽃이 화사하게 피어나고 있습니다만, 강원도에는 춘설이 내려 교통이 두절되고 있다는 소식을 접하고 보니 마치 요즘의 세상 돌아가는 것과 너무도 흡사하여 씁쓸한 기분 가눌 길 없습니다. 사실 요즘 세상이라는 게 도무지 마음에 들지 않습니다. 할 말 안 할 말 가리지 않고 입 있다고 마구 지껄여대니 세상은 정말 난세인 것 같습니다. 그래 요즘 어떻게 지내십니까? 평생을 가족도 건강도 돌보지 않고 오직 정사政事에만 몰두하시는 모습을 멀리서 보고 있노라면 형의 끝없는 정력이 부럽고 한편으론 존경심마저 듭니다. 그리고 가끔은 스스로 팔불출이라 하시면서도 칭찬을 아끼지 않으시던 아드님 소식은 간간 듣고 있습니다만, 지금도 효자노릇을 톡톡히 하겠지요.

그러나 요즘 인심이 하도 숭숭하여 자식 두고 있는 사람,

그것도 똑똑한 자식 두고 있는 사람이야 어찌 한시인들 마음 놓고 지낼 수 있겠습니까? 저도 며칠 있으면 군대에서 제대하고 돌아오는 자식 놈이 있어 여간 근심이 되지 않습니다. 항간에서는 돈만 있으면 세상에 안 되는 것이 없지 않느냐고 말들 합니다만, 그게 그렇지 않다는 것을 요즘 깨달았습니다. 아닌 게 아니라 우리나라만큼 살기 편한 곳이 어디 있습니까? 높은 벼슬을 하면 그 날로 전국의 떡을 다 사먹을 만큼의 떡값이 생기고, 그렇지 못한 사람은 밤을 낮으로 삼아 높은 사람에게 빌붙고, 구전 떼어주면서 은행돈 빌려 사업하고, 땅사서 돈 벌기에 얼마나 고생을 했습니까? 그런데 그렇게 애써 번 돈으로 안 되는 일이 있다면 이건 너무 억울하지 않습니까? 형은 저와는 달리 멋진 정치를 위해 동분서주하셨으니 돈 모으는 데는 신경 안 써서 저의 심정을 충분히 헤아릴 수는 없다고 하더라도 제 이야기에 형도 충분히 공감할 것입니다. 사실 정치란 백성을 편하게 하는 것이라고 해석하는 경우도 있는 모양입디다만, 이건 초등학교 학생에게나 하는 소리이고, 또 정치를 해보지도 못한 사람들은 남의 말만 듣고 정치를 치정痴情처럼 생각하여 자신이 하는 것은 로맨스고 남이 하면 치정이라고 비아냥대지만, 멋진 정치란 사내대장부가 평생의 업으로 해 볼 사업이 아닙니까? 이야기가 빗길로 갔습니다만, 분명한 것은 자식문제는 돈 가지고도 해결할 수 없다는 것을 생각하니 요즘은 머리가 아프고 잠도 제대로 오지 않습니다. 그래서 잠을 잘 수 없는 요즘 제가 돈 없고 지위도 없이 허송세월 할 때 심심풀이로 모아두었던 책을 뒤적여 보았습니다. 혹시 자식 키우는 방법을 가르쳐 줄 책이 없을까 하여 영어로 된 책을 비롯하여 일본어로 된 책까지 뒤져보았으나 끝내 발견하지 못하였습니다. 그래서 책 뒤지는 것을 포기했습니다. 그러다가 며칠 전 두꺼운 영어 책 뒤에 아무렇게나 뒤집혀져 있는 낡은 책을 정말 우연히 보았습니다. 이름하여 「유배지에서 보낸 편지」라는 책이었습니다. 형도 아시는 바와 같이 요즘 세상에 영어로 쓰여지지 않은 글을 누가 읽으며, 설령 할 일이 없어 읽는다한들 거왜 교수하다 쫓겨난 마씨의 소설(그거 굉장합디다)이라면 몰라도 다른 것들이야 본들 무슨 유익함이 있겠습니까? 그래 아예 볼 마음도 나지 않았습니다만, 그래도 하 답답하기에 누가 쓴 것인가 보았더니 옛날에 죄짓고 귀양 갔던 정다산丁茶山인가 하는 사람이 아들에게 보낸 편지 묶음입니다. 처음에는 죄짓고 귀양 간 주제에 그래도 애비랍시고 자식에게 무슨 할 말이 있을꼬 하여 아니꼬운 마음으로 몇 줄 읽어보았더니 자식으로 고생하는 사람에게 한 수 가르쳐 주는 것 같아 혹시 도움이 될까하여 몇 가지 문제를 간추려 이렇게 몇 자 적어 봅니다.

　그는 천하를 살아가는 기준은 옳고 그름이 그 하나이고, 다른 하나는 이롭고 해로움이라 하고 여기에서 다시 네 등급이 있는데 옳음을 고수하고 이익을 얻는 것이 가장 높은 단계이고, 옳음을 고수하고 해를 입는 경우가 다음이고, 그름을 추종하고도 이를 얻는 것이 세 번째요, 그름을 추종하고도 해를 보는 것이 가장 낮은 단계라고 적고 있습니다. 그리고 벼슬살이 하는 방법으로는 임금의 존경을 받는 것이 중요하지 임금의 사랑을 받는 것이 중요하지 않고, 임금의 신뢰를 받는 것이 중요하지 임금을 기쁘게 해주는 것이 중요한 것이 아니라고 아들에게 가르치고 있더라구요.

　또 재물을 오래 비밀리에 숨겨두는 방법으로는 남에게 시혜施惠하는 방법이 최고라 하고 그 이유로 남에게 시혜를 하고 나면 도적에게 빼앗길 걱정이 없고, 불이 나서 타버릴 위험이 없을뿐더러 자기가 죽은 후 꽃다운 이름을 천 년 뒤까지 남길 수 있다는 것입니다.

　그리고 그는 자식에게 밭떼기 하나 물려줄 수 없을 만큼 가난하여 두 글자를 유산으로 물려주니 그것이 곧 근勤과 검儉인데, 이것은 일생동안 쓰고도 다 쓰지 못할 것이라 이르고 있음을 보았습니다. 그리고 요즘처럼 남의 이야기를 마구 지껄이는 세상에서 비밀을 지키기 위해서는 남이 알

제3부 타락한 사회에서 길 찾기　149

수 있는 행위를 하지 않아야 하고, 남이 듣지 못하게 하려면 말을 함부로 하지 않음이 제일이라고 하면서 이 두 마디 말을 평생 동안 기억하고 실천한다면 크게는 하늘을 섬길 수 있고, 작게는 한 가정을 보전할 수 있다고 가르치고 있습니다.

그리고 마지막으로 자기 스스로 자신의 가정을 폐족廢族이라고 자처하면서 독서를 권장하고 있음을 보았습니다. 이러한 이야기의 행간에 묻어나는 그의 생각은 돈 있고 권세 있으면서도 독서한다는 것은 어쩌면 불가능한 일처럼 생각했던 것 같습니다. 그리하여 가문이 망했기 때문에 참으로 독서할 때를 만났다고 기뻐하고 있습니다.

너무 방정맞은 생각인지 모르겠습니다만, 이제 형이나 저나 가문이 망하기 직전에 서 있는지도 모릅니다. 돈으로도 막을 수 없고, 힘으로도 막을 수 없다면 함부로 지껄이는 저 많은 입들을 어떻게 막을 수 있겠습니까? 결국은 자식 잘 다스리는 방법부터 배울 수밖에 없다는 결론에 도달했습니다. 그리고 그 방법을 가르쳐주는 것은 영어로 쓰여진 책이 아니라 우리 할아버지가 몸소 행하고 가르쳤던 그 길을 차근차근 걷는 길이라고 확신하게 되었습니다. 잠시 동안이나마 돈에, 지위에 현혹되어 장식용으로 모아두었던 낡은 책들을 다시 거두어 읽어보럽니다. 짧은 기간이나

마 하잘 것 없는 백일몽을 쫓아다니다 폐족이 될지도 모르는 지금 팽개쳐 두었던 책을 정성껏 읽으렵니다. 그리고 형에게도 권해드립니다. 저의 이 글이 자식 문제로 근심할지도 모르는 형에게 작은 위로가 될 수 있기를 기대합니다. 내내 평안하시길 빕니다.

(1996)

학문, 인간 이해의 길

　일반적으로 대학을 일러 학문하는 곳이라고 한다. '학문'이라는 말은 '배우고 익힘'을 의미한다. 이러한 의미에서 '학문'이란 '공부'라는 말과 비슷한 의미로 쓰이기도 한다. 이를테면 고등학교 시절에 우리가 배우고 익히는 것을 '공부'라고 하는 데 반하여 대학에서의 그것을 '학문'이라고 하는 것은 무슨 까닭일까?
　공부와 학문이라는 말을 비유적으로 말한다면 우리가 익히 알고 있는 '구슬이 서 말이라도 꿰어야 보배다.' 라는 속담을 생각하는 것이 좋을 것이다. 여기에서 '구슬'과 '보배'는 본질에 있어서는 동일한 것이다. 그런데 이 속담을 좀 더 자세히 검토하여 보면 '구슬'과 '보배' 사이에는 엄청난 차이가 있음을 알 수 있다. '구슬'이 그 자체로서도 어느 만큼 가치를 지니는 것이지만, 그것만으로는 고립적이고,

단편적인 것이기 때문에 최고의 가치로서 '보배'에는 이르지 못하는 것이다. 그렇다고 구슬이 아무렇게나 많이 모여지기만 하면 보배가 되는 것일까? 그렇지는 않은 것이다. 그것은 역시 구슬뭉치에 지나지 않을 것이다. 그런데 이 무잡한 구슬을 '실로 꿰어야' 보배가 된다는 것은 중요한 의미를 지니고 있다. '실로 꿴다'는 것은 '질서화'하는 것이고, '체계화'하는 일이며, 동시에 '논리화'하는 일이라 할 수 있다. 따라서 고등학교까지 학교에서 배우고 익히는 행위는 '구슬'을 모으는 과정으로 '공부'라 할 수 있다. '공부를 한다'는 것은 진리에 대한 깊은 탐색이 아니라 단편적이고 개념적인 앎에 관심을 집중하는 것이다. 그러나 대학에서는 '구슬'로서의 '공부'를 실로 꿰어 하나의 '보배'라는 '학문'의 세계에 도달하게 하는 과정이라고 할 수 있다. 학문이란 이처럼 단편적 지식을 요구하는 것이 아니라 진리에 대한 지적 호기심을 바탕으로 사물(대상)의 본질을 탐색하기 때문에 거기에는 과학적이고 논리적인 태도와 같은 폭넓은 지적 체계가 요구되는 것이다.

그렇다면 학문의 목적은 어디에 있는 것일까? 그것은 한마디로 말하기란 그렇게 쉬운 것이 아니다. 공자는 일찍이 '大學之道 在明明德 在親新民 在止於至善'(대학의 도는 밝은 덕을 밝히는데 있고, 백성을 새롭게 하는데 있으며, 지극히 선한데 머무르게 하는데 있다.)이라고 하였으며, 칸트I. Kant는 '인간 최대의 관심은 창조하는 가운데 자신의 위치를 정확하게 찾아보는 것이며, 인간으로서 어떻게 해야 할 것인가를 옳게 이해하는데 있다'고 하여 인간 이해에 학문의 목표를 두었던 것이다. 그러나 이러한 고전적 학문의 목표는 인문, 사회과학에서는 아직도 변함없이 학문의 목적으로 설득력을 지니고 있지만, 가치중립적인 세계를 지향하는 자연과학이나 응용과학의 경우에는 때때로 인간 이해와는 어느 만큼 거리를 두고 학문 자체의 순수성을 탐구하거나 아니면 실용성을 강조하는 경향 또한 없지 않는 것이다. 특히 응용과학의 경우처럼 학문이 학문의 영역에서 머물지 않고 현실 생활에 응용됨으로써 인간 생활을 급격하게 변화시켰으나 그러한 부분적 변화가 인류 전체의 진보, 발전과 어떻게 조화를 이룰 수 있는가 하는 문제에 관심을 갖지 않으면 안 될 것이다. 지나친 과학의 발달이 인간의 삶의 질을 바꾸어 놓는 것과 동시에 인류를 파멸로 몰아넣을 수 있는 위험성이 내포되어 있다는 것은 오늘의 학문이 지니고 있는 커다란 자기모순이 아닐 수 없다. 따라서 학문의 길에 들어서려는 사람은 무엇보다도 먼저 학문은 진리를 탐구하고 인간 이해를 위해 필요한 것임을 망각해서는 안 될 것이다.

인간 이해를 위한 학문이 이루어지기 위해서는 그 바탕

이 되는 준비가 필수적으로 요구된다. 그것을 옛사람은 학문삼요學問三要라 하여 독서, 자기 성찰, 그리고 실천을 강조하고 있다. 모든 학문은 일차적으로 이미 앞서 이루어진 학문적 성과를 바탕으로 이루어지는 것이기 때문에 폭넓은 독서를 통하여 이를 적극적으로 수용해야 한다. 그것을 위해서는 무엇보다 많은 독서가 필요하다. 독서란 어떤 의미에서는 전문적인 지식을 위해서 필요한 것이기도 하지만 그보다는 폭넓은 교양을 쌓기 위해서 더욱 필요한 것이다. 인간의 삶이란 어떤 의미에서 전문지식에 의하여 영위되는 것이 아니라 폭넓은 교양에 의하여 유지되는 것이다. 물론 폭넓은 교양은 독서에 의해서만 가능한 것은 아니지만 가장 쉽사리 해결할 수 있는 방법임에는 틀림없다.

  그러면 독서는 어떻게 해야 하는가? 이것도 그렇게 간단한 것은 아니다. 독서의 방법으로 '따라읽기'와 '따져읽기' 그리고 '고쳐읽기'로 나누어 볼 수 있다. '따라읽기'란 글쓴이의 생각을 좇아가며 그것을 맹목적으로 이해하고 수용하기 위하여 글을 읽는 것을 말한다. 가장 초보적인 독서로 이 경우 올바른 책의 선택이 무엇보다 필요한 것이다. 이미 고전이라 일컬어지고 있는 것들을 중심으로 하는 독서는 저자의 사상을 이해하고 그들의 깊은 지식을 수용하는데 가장 효과적이다. 그러나 폭넓은 교양이 필요하다고 하여 잡화점식으로 많은 것을 알고 있는 것만으로는 진정한 의미의 교양이라고 할 수 없을 것이다. 폭넓은 독서를 통하여 그들의 생각과 자신의 생각을 견주어 보고 자신의 논리를 확립하는 것이 필요한 것은 물론이다. 이 경우 독서를 하면서 글의 내용에 대하여 따져보는 글 읽기가 요구되는데 이를 '따져읽기' 또는 '비판적 독서'라 한다.

이것은 남의 생각을 알기 위해서가 아니라 자기의 생각을 확립하기 위한 과정이기 때문에 맹목적이거나 일방적 수용이 아닌 자기 세계의 확립을 위한 독서로 발전하기에 이른다. 이렇게 다른 사람의 글을 비판적으로 읽을 경우, 거기에는 스스로 동의할 수 없는 생각이 있을 것이다. 이를 해결하기 위하여 자신의 생각을 정리하여 처음의 글을 보충하거나 보완하면서 읽어가는 과정이 '고쳐읽기'라 할 수 있고, 이는 새로운 것을 창조하는 창조적 독서가 되는 것이다. 우리가 새로운 세계의 발견이나 새로운 진실과 만날 수 있는 것도 바로 이러한 창조적 독서에 의해서 가능한 것이다. 학문의 출발점을 독서에 두고 있는 것도 바로 이 때문이다.

다음으로 학문이 인간을 위한 살아있는 학문이 되기 위해서는 부단한 자기 성찰이 필요하다. 새로운 학문의 길로 나아가기 위해서는 자신을 돌아보고 자신과 만나는 일이 중요하다. 자신과의 만남은 사색을 통하여 가능할 것이다.

존 로크J. Locke는 '독서는 다만 지식의 재료를 제공할 뿐, 그 자신의 것을 만드는 것은 사색의 힘'이라 하여 사색의 중요성을 지적한 바 있다. 불교에서 참선參禪이 구도求道의 핵심을 이루는 것도 따지고 보면 자기 성찰을 중요시하고 있음을 의미하고 있을 뿐만 아니라 자기 성찰이 없는 지식은 장식물에 지나지 않음을 의미한다. 자기 성찰은 골방에서나 아니면 인적이 없는 산사山寺같은 곳에서 가능한 것만도 아니다. 여행과 같은 체험을 통하여 진정한 자기를 발견할 수도 있는 것이다. 학문은 단순히 지식의 축적이 아니라 자신의 알고 있는 지식을 바탕으로 자신의 삶과 일정한 관련을 맺음으로써 비로소 자기완성의 길에 도달할 수 있게 되는 것이며, 이것이야말로 죽은 학문이 아니라 살아있는 학문으로 빛과 의미를 지닐 수 있게 될 것이다.

마지막으로 학문은 자신이 깨달은 바 진실을 실천하려는 노력이 뒤따르지 않으면 안 될 것이다. 사르트르는 지식인과 지성인을 구별하여 전자가 단순히 많은 지식의 소유자임에 반하여, 지성인은 자기가 알고 있는 것을 실천하는 사람이라고 규정했다. 대학생을 지식인이라 하지 않고 지성인이라 부르는 것도 알고 있는 바를 실천할 수 있는 순수함과 용기가 있기 때문일 것이다. 이렇게 볼 때 대학에서의 공부가 단순히 지식을 쌓고, 장래의 편안한 직장을 얻기 위한 수

단으로서가 아니라 새로운 진리 탐구를 통해 인간 이해를 위한 과정이 되지 않는다면 그것은 한낱 생활의 장식품이거나 아니면 구차한 삶의 수단으로 전락하고 말 것이다.

대학시절은 진정한 의미에서 자기 인생을 확립하는 출발점이다. 아무런 바탕이 없이 거대한 인생이라는 건물을 세울 수 없음과 같이 폭넓은 교양과 깊은 전문지식을 갖지 않고서는 자신의 세계를 마련할 수 없다. 그러므로 대학시절을 얼마나 유용하게 자신의 장래를 위하여 투자하느냐에 따라 인생의 성패는 좌우되는 것임을 다시 한 번 명심하여야 할 것이다. 공자가 일찍이 군자君子의 삼락三樂 가운데 맨 처음으로 '배우고 때로 익히니 즐겁지 아니한가學而時習之不亦樂乎'라 하여 학문의 즐거움을 일깨워준 것에 우리 모두 귀 기울일 필요가 있다.

(2000)

세계 속의 한국학

　새로운 세기를 맞이하여 제기되는 숱한 화두들을 한마디로 정리하면 '변해야 산다'는 말로 요약될 수 있을 것 같다. 그런데 '변해야 산다'는 화두에서 '변하는 것'과 '사는 것'의 관계를 보다 명확히 인식할 필요가 있다. 분명한 것은 살기 위하여 변하는 것이지, 변하기 위하여 사는 것은 아닐 것이다. 그렇다면 어떠한 삶(목표)을 위하여 변화(수단)를 가져와야 할 것인가를 생각하지 않을 수 없다. 이에 대한 해답은 삶의 주체에 대한 올바른 인식에서 저절로 찾아질 것이다. 삶의 주체는 분명 발달하는 과학도, 풍요로운 물질적 세계도 아니라 우리들 인간이다. 따라서 인간이 도외시된 변화란 생각할 수 없는 것 또한 자명한 일이다. 그런데도 '변화'의 목소리와 함께 '인문학의 위기'가 회자되고, 어제 오늘의 일은 아니지만 변화(개혁)만을 외치는 정책

당국의 책임이 크다. 오죽하면 서울대 교수들이 기초학문 홀대에 대해 궐기하기에 이르렀겠는가. 우리는 다시 문제의 본질과 정면으로 마주하여 새로운 방향을 모색할 필요가 있는데 그 기본적 방향은 '세계 속에 한국인으로 살아가기 위한 변화' 이여야 한다는 사실에 우리 모두가 동의할 수 있을 것이다. 그리고 이를 실천하기 위해서 많은 영역이 설정되고 거기에 따른 방법이 마련되어야 할 것이다. 그 가운데 한 영역으로 우리는 세계 속의 한국학, 또는 국학의 세계화를 생각해 볼 수 있다.

사실 국학이야말로 21세기 세계 속의 한국을 대표할 수 있는 가장 뛰어난 상품적 가치를 지니고 있다고 할 수 있다. 최근 외국에서 한국학에 대한 관심이 크게 증대하고 있다는 사실이 이를 단적으로 증명하고 있다. 사실 근대적 의미에서 한국학에 대한 최초의 관심은 부끄럽게도 일본인에 의해서 이루어졌다. 그들은 한국을 지배하고 침략하기 위한 학문으로 한국학을 시작하였기 때문에 20세기 중엽까지 한국은 일본의 식민지로 잊혀진 나라이거나 아니면 일본과 문화적으로 동일한 나라로 인식되었던 것이다. 그러던 것이 1970년대 이후로 한국이 일본이나 중국과는 다른 독자적 문화국으로 인식되면서 한국에 대한 관심이 고조되었다. 그 결과 전 세계적으로 한국어강좌 혹은 한국학

강좌를 개설하고 있는 나라는 32개국을 넘어서고 있으며, 미국은 100여 개, 일본은 80여 개, 중국은 28개의 대학에서 한국어 혹은 한국학 강좌를 개설하고 있는 것이다. 이러한 현상은 매우 고무적인 일임에 틀림없다. 그러나 다른 한편으로 왜 그들은 한국학에 관심을 갖는지, 그리고 외국인에 의한 한국학을 전적으로 신뢰할 수 있는지 생각해 볼 필요가 있다.

진정한 의미에서 한국학이란 한국의 문화와 역사에 중점을 둘 수밖에 없는데 한국학을 연구하는 최고의 적임자는 우리 한국인일 수밖에 없다. 그럼에도 불구하고 우리가 우리 것을 외면하고 맹목적으로 외래문화에 편향성을 보인다면 언젠가는 문화적 IMF를 경험하게 될 것이다. 따라서 세계 속에의 한국학이 되기 위해서는 먼저 국학이 중시되고, 국학자가 정당하게 평가받아야 할 것이다. 이를 위해서는 무엇보다도 국가적 사업으로 한국의 문화와 전통을 재발견해야 한다. 동시에 한국문화와 전통을 세계가 요구하는 바에 적용시키기 위한 국학연구에 전폭적 지원이 이루어져야 할 것이며 국학자의 해외파견을 활성화시켜야 할 것이다. 외국유학(파견)이란 단순히 외국을 배우기 위해서 필요한 것만은 아니며, 한국을 외국에 올바르게 알리기 위해서도 필요한 사업인 것이다. 그리하여 국학자의 외국

파견을 통하여 외국의 한국 학자에게 올바른 정보제공과 방향을 제시해 줄 수 있어야 한다. 이와 함께 외국의 한국 학자를 비롯하여 한국학에 관심을 갖고 있는 대학생을 초치招致하여 한국 문화를 올바르게 이해하고 한국학의 기초를 닦을 수 있는 기회를 제공해야 한다. 그리하여 그들로 하여금 한국의 문화를 소개하는 역할을 담당하도록 훈련시킬 필요가 있다. 이렇게 하여 국내의 국학자와 외국의 한국학자의 공동노력에 의하여 한국학이 객관성을 획득할 때 한국학은 한국문화의 정체성을 확립하고 세계문화의 다양성에 공헌하게 될 것이다.

(2001)

제4부
내가 만난 사람들

학처럼 사시는 분
산을 기리는 마음
진정한 자유인이 되소서
딸깍발이 회장님
문학과의 만남
학문의 길
정여, 투명한 호수의 조용함
홀로 가는 길은 아름답다.
소산형 素山兄과 가훈
큰 바위 얼굴
서울 글쓰기, 지방 글쓰기
일본, 그리고 오오타니 大谷 교수님
일본인의 친절

학처럼 사시는 분
― 우촌 강복수 박사 고희기념 논문집 간행사 ―

　영남어문학회가 창립된 지 금년으로 열세 돌을 맞이하게 되었습니다. 그리고 매년 회지 『영남어문학』을 간행하였지만 이번 제13호의 간행이야말로 가장 보람차고 뜻 깊은 일이라고 저희들은 믿어 의심치 않습니다. 그것은 다름이 아니라 저희들에게 학문의 길을 열어 주시고, 학문보다 더 어려운, 사람이 살아가는 도리를 몸소 행동으로 가르쳐 주시던 우리 선생님, 우촌又村 강복수姜馥樹 박사님의 고희 기념호로 간행되었기 때문입니다.

　이처럼 뜻 깊은 자리에 저희 문하생들은 선생님의 학덕을 영원히 기리고, 선생님의 천수를 빌면서 몇 편의 글을 엮어 바치옵니다. 그러면서도 보잘것없는 논집論集이 오히려 선생님의 높으신 학문과 고고한 성품에 한 점 티가 되지 않을까 저어합니다. 왜냐하면 우리 선생님은 언제나 세속적인 자리에 이름이나 모습을 드러내기를 원하지 않으심을 저희들은 너무나 잘 알고 있기 때문입니다. 그럼에도 불구하고 이 논집은 선생님께 직접 가르침을 받은 제자들의 정성만으로 이루어졌기에 저희들의 치졸함도 용서받을 수 있으리라 믿어 봅니다.

지난 봄 저희들 몇이 선생님을 찾아뵙고 기념호 간행에 대하여 말씀드렸을 때 선생님께서 "별달리 가르친 바도 없는데 이만큼 커준 것이 고맙고, 학계를 떠나 묻혀서 사는 사람을 찾아 주는 것만으로도 고맙기 이를 데 없다" 고 하시며 극구 반대를 하시다가 모교의 학풍을 세우는 길이라고 강청強請하자 마침내 저희들의 생각을 거두어 주셨습니다.

선생님의 지나온 발자취를 더듬어 보노라면, 선생님은 분명 한 시대를 앞질러 살아 오셨음을 알 수 있습니다. 우리 선생님은 언제나 현실문제에 관심을 두지 않으시고 내일을 준비하는 이상주의자이셨습니다. 선생님께선 일제강점기를 살면서 아무도 돌보지 않는 우리말과 글을 홀로 연구하시어 해방과 더불어 이 땅에 국어국문학의 초석을 놓아 주셨을 뿐만 아니라, 대학 강단에서 평생을 보내시며 숱한 제자를 길러내시니, 영남지역의 국어 국문학자는 모두 선생님의 제자 아닌 분이 없을 만큼 훌륭한 스승이셨고, 선생님의 대표적 저작인 『국어문법사연구』는 국어학계의 금

자탑을 이루었습니다.

그런가 하면 선생님은 또 다른 한편으로 불심佛心이 깊은 종교인이기도 하셨습니다. 선생님을 일러 부처님이라 하는 것은 물론 선생님의 고고한 인품을 두고 하는 말이지만 실상은 선생님의 높은 학문과 고매한 성품, 거기에다 깊은 불심이 한데 어우러져 우리 앞에 부처님처럼 보이기 때문입니다. 일찍이 선생님의 표현을 빌면 '국어학의 딱딱함을 보충하기 위해 불교에 관심을 갖게 되었다'고 하시더니 학계를 떠난 지금은 대한 불교 진각종眞覺宗의 종학연구宗學硏究 위원장의 중책을 맡으시어 중생제도에 또 다른 정성을 쏟고 계십니다.

이처럼 언제나 한 시대를 앞서 보는 선생님의 형안炯眼은 또다시 새로운 내일을 예비하고 계시리라 믿어 의심치 않습니다. 이러한 저희들은 믿음은 고희를 맞으신 선생님이시지만 어느 누가 보아도 지명知命의 연세로 보이며, 한 점 흐트러짐이 없이 학처럼 고고한 기품을 그대로 보여주고 계시기 때문입니다. 이러한 믿음이 쉬 이루어질 것을 확신하면서, 구년학수龜年鶴壽하시어 저희들을 이끌어주시기를 바랄 뿐입니다.

끝으로 이 기념호를 빛내 주시기 위하여 휘호를 써주신 모산慕山 심재완沈載完 박사님과 남헌南軒 이상배李尙培 선배님, 그리고 바쁜 시간에도 불구하고 우촌 선생님의 학덕을 기리기 위하여 축시와 옥고를 주신 회원 여러분께 감사드립니다.

1986년 10월
문하생을 대표하여 조진기 삼가 적습니다.

산을 기리는 마음
- 모산慕山 선생님과의 인연 -

　모산慕山 선생님하면 나는 언제나 산을 생각한다. 그 까닭은 무엇보다 먼저 선생님의 아호와도 일정한 관련을 갖고 있기도 하지만 선생님의 풍모나 인품이 산을 닮았다고 생각하기 때문이다. 훤칠한 키와 늠름한 걸음걸이, 그리고 곧은 자세, 거기에다 호불호好不好를 드러내지 않는 포용력. 이러한 모습은 내가 선생님을 처음으로 만났던 60년대에도 그랬고 지금도 그러하다. 이러한 선생님의 풍모와 성품은 필시 산을 그리워하다 마침내 산을 닮고 말았음에 분명하다.

　나는 몇 년 전부터 일요일이면 산악회 회원들을 따라 크고 작은 산을 올랐다. 새벽 여섯 시에 출발하여 산 밑에 도착하면 아홉 시 전후. 우리가 올라야 할 산은 아침의 찬란한 햇빛을 온몸으로 받으면서 저만큼 늠름한 모습으로 우리를 맞이하는 것이다. 적당한 거리에서 산과 마주할 때 산의 모습은 부드러우면서도 위엄을 지닌 대갓집 여인의 모습이다. 아담한 어깨선을 닮은 산마루와 열 두 폭 치마를 펼쳐 놓은 듯 한 구릉과 능선, 그리고 옥구슬처럼 새맑은 목소리를 닮은 계곡의 물소리. 정녕 멀리서 보는 산은 가장 경건하고, 은근한 모습이다. 그러나 산행이 시작되고 보면 나는 산을 잃어버린다. 앞서 간 사람들이 모두 가져가 버린 것일까? 아니면 앞 뒤 돌아보지 않고 산에 오르는 것만을 목적으로 하는 혈기왕성한 젊은이들의 무거운 등산화에 몸서리치며 돌아앉은 것일까? 아니다. 산은 점잖게 자신의 자리를 빌려주는 것이다. 그리하여 산이 물러난 자리에는 새로운 정경이 펼쳐지는 것이다. 척박한 땅에 뿌리를 내리고 수백 년을 자랐을 아름드리나무, 바위틈에 피어난 이름 모를 꽃들, 거대한 나무 틈을 헤집고 자라나는 풀과 이끼, 그리고 바위 밑을 흐르는 작은 개울물과 개울물이 들려주는 청아한 노래, 그리고 이름 모를 새들과 풀벌레의 해맑은 울음들로 가득하다. 그리고 말없이 수천 년의 세월을 지켜온 바위의 웅자가 산을 대신하고 있는 것이다. 그리고 마침내 해질녘 하산하여 다시 돌아보면 거기에 산은 의젓한 모습으로 자리하고 있는 것이다.

사실 모산 선생님은 내게 커다란 산으로 자리하고 있는

것이다. 64학번으로 입학하면서부터 선생님과의 만남이 이루어졌지만 그 때 나는 국문과 학생이라기보다는 대학신문인「청구춘추」기자가 주업主業이었다. 강의를 듣는 시간보다 빠지는 시간이 더 많았다. 거기에다 나는 작가가 되겠다는 생각으로 어쩌다 듣는 강의도 현대문학만을 골라 들었다. 그러고 보니 모산 선생님과의 만남은 언제나 '저만큼' 거리를 두고 있었다. 그 때 이미 선생님은 평생 사업으로 역대시조를 정리하는 작업을 하고 계셨다. 공부한다는 선배와 후배들이 이미 선생님의 작업을 돕고 있었지만 나는 거기에도 참여하지 않았으며, 시조를 정리하는 작업을 중요한 일로 생각하지도 않았다. 사실 시골에서 자란 나에게 시조는 매우 친근한 놀이의 하나였다. 시조를 방바닥에 깔아놓고 시조의 종장을 읽으면 해당되는 시조를 찾는 놀이의 하나인 '화가투'를 즐겨했던 나에게 시조란 학문의 대상이기 보다는 놀이의 하나로 인식하고 있었기 때문인지도 모를 일이다. 그리고 어쩌다 선생님의 강의실에 들어가면 이한진본『청구영언』을 읽곤 했는데 필사본이라 모두들 잘 읽지 못하였지만 나는 일찍이 어머니의 편지에 익숙하였던 터라 필사본 읽는 것은 그리 어렵지 않아 선생님으로부터 약간의 귀염을 받았고 강의라곤 듣지 않고 시험을 치르고 나면 '알맹이가 없다'고 걱정을 해주셨다. 그러나 나는 시조에 별다른 관심이 없었고, 그 때도 선생님과 '저만큼' 거리를 두고 지냈다. 심지어 내가 장가갈 때 주례를 맡아주셨음에도 선생님은 내게 범접할 수 없는 커다란 산으로만 비칠 뿐이었다.

그런데 선생님이 회갑을 지난 후부터 나는 선생님을 좋아하기 시작하였다. 나는 <모산>을 오르기 시작했다. 산에 오르면서 비로소 산 속에 숨겨진 많은 것들을 볼 수 있었다. <모산>에는 오백년을 살아 온 시조가 정교한 모습으로 우리의 정조情操를 노래하고 있었고, 40리 길을 걸어 소풍간 도리사桃梨寺 기둥의 현판을 읽고 있는 소년이 있었고, 경성사범을 다니면서 일본인들에 기죽지 않고 우리말을 지키려는 장한 마음이 최초의 방언집을 엮게 하였고, 서예의 대가가 오색 무지개로 자리하고 있음을 보았다. 그러나 이것보다도 <모산>에는 온갖 이름 없는 나무와 풀들, 그리고 하찮은 미물에게도 한 점 거리낌 없이 살진 영토를 내놓아 잘도 자라고 뛰놀게 하고 있음을 알게 되었다. 그리하여 <모산>은 경향각지의 등산객으로 가득하다. 거기에는 전문가도 있거니와 가벼운 산책객도 있지만 모든 등산객에게 자신의 모든 것을 보여주는 한편, 지친 삶을 위로해 주고 새로운 내일을 예비해 주고 있음을 보게 된다. 그러고 보면 <모산>은 치악산처럼 험한 바위산도 아니고, 설악

산이나 월출산처럼 아기자기한 멋을 부리는 산도 아니고, 저 멀리 바다 한 가운데 홀로 고고함을 자랑하는 한라산도 아니고, 가고파도 갈 수 없는 백두산이나 금강산은 더욱 아니다. 필시 <모산>은 경상남도와 전라남북도 삼도三道를 품에 안고 낙동강과 섬진강을 옆으로 끼고 앉은 넓은 가슴과 1915미터의 천왕봉을 지니고 산중의 산으로 위엄을 갖춘 지리산을 닮았음에 분명하다.

지리산은 멀리서 바라보는 맛도 그윽하지만, 뱀사골을 따라 삼도봉, 촛대봉, 천왕봉을 올랐다가 칠선계곡으로 하산하는 즐거움은 모산 선생님과 '청송국시집'에서 동동주 한 사발과 갓 끓인 '국시'를 먹으면서 선생님의 끝없는 이야기를 듣는 즐거움과 견줄만하다. 나는 주말 등산을 준비하면서 소동파蘇東坡의 시 한 구절을 가만히 읊어본다.

橫看成嶺側成峰 (가로 보면 고개요, 모로 보면 봉우리)
遠近高低各不同 (원근 고저가 모두 다르네)
不識廬山眞面目 (여산의 진면목을 모르는 것은)
只緣身在此山中. (이 몸이 지금 이 산 속에 있기 때문인 것을)

(1998.8)

진정한 자유인이 되소서.
- 긍포肯浦 박사님 정년퇴임 기념논집 간행사 -

긍포肯浦 조규설趙奎卨 박사님의 정년퇴임을 맞이하여 선생님의 학덕을 영원히 기리기 위하여 저희 영남어문학회에서는 『영남어문학』 제14집을 간행하여 선생님께 바치옵니다.

그러나 이 논집을 만드는 저희들은 선생님의 정년퇴임이라는 사실이 아직도 믿기지 않으니 어인 까닭인지 모르겠습니다. 선생님을 뵈옵고 있으면 정년을 맞이한 노학자라고 생각되기는커녕, 많은 사람을 압도할 당당한 풍모와 정정하심은 아직도 지명知命의 연세로만 보이기 때문입니다.

그러나 선생님의 지나온 발자취를 더듬어 보노라면 선생님이 교육계에 남기신 공적은 태산처럼 높고, 우뚝하여 백수를 하고도 못다 할 위업을 남기셨습니다. 선생님께서는 일제강점기에 나서서 망국의 설움을 뼈저리게 느끼시어 후손에게만은 자주국민으로 커갈 수 있는 기틀을 마련하는 길이 교육임을 확신하시고, 식민정책이 가장 혹독하던 일제말기인 1940년 18세의 약관으로 교육계에 투신하시어 후진 양성에 정열을 쏟으시는 한편, 교육행정가로서 초·중등교육의 기틀을 마련하시었습니다. 이후 영남대학교에서 학자로서 국어학 발전에 큰 빛을 남겨 놓으셨고, 사범대학장을 비롯한 여러 보직을 맡으시어 모교의 발전에 큰 자취를 남겨 놓으셨습니다.

그런가 하면 선생님은 성품이 후덕하시어 세속적인 명예나 이해관계에는 항상 초연하시었고, 제자들에게는 늘상 자상한 스승으로 자리하셨습니다.

이처럼 뛰어난 학자이시며, 훌륭한 교육자 한 분이 이제 정년을 맞이하여 교육 일선에서 물러나심은 저희들 문하생들에게는 더할 수 없는 아쉬움이 아닐 수 없습니다. 그러나 다시 생각하면 선생님께서는 40여 년의 긴 세월을 후진 양성과 학문 탐구에 하루도 영일寧日이 없으셨음을 잘 알고 있기에 이제 교육 일선에서 물러나셔서 보다 자유롭게 생활을 즐기시게 되었다고 생각하면 오히려 다행스러운 일이라 하지 않을 수 없습니다. 이제 선생님은 진정한 자유인이십니다. 그러므로 이제부터 선생님이 원하시는 그 무엇도 능히 하실 수 있으십니다. 부디 지금처럼 정정하시어 보다 많은 것 이루실 것을 저희들은 믿어 의심치 않습니다.

그리고 선생님께선 언제, 어디에 계시든 언제나 저희들에게 훌륭하신 스승으로 자리하실 것을 믿기에 선생님의 정년퇴임에 삼가 경의를 드립니다. 다시 한 번 선생님의 만수무강을 저희 문하생 일동은 기원하면서, 계속하여 저희들의 길잡이가 되어주시기를 간절히 바랍니다.

끝으로 본 논문집의 간행을 격려하여 주신 모교 국문과 교수님을 비롯하여 동문회 여러분께 감사드리며, 바쁜 일정에도 불구하고 옥고를 주신 회원 여러분께 감사드립니다.

1987년 8월 9일
여러 문하생을 대표하여 조 진기 삼가 적습니다.

딸깍발이 회장님
- 벽송碧松 선배와의 만남 -

 벽송碧松, 이근후李根厚선배님, 가만히 입 속으로 뇌어본다. 그리고 나는 혼자서 미소를 짓는다.

 내가 벽송 선배님을 처음으로 만나 뵙게 된 것은 30여 년 전, 그러니까 1966년 가을의 어느 날이었다. 그때 나는 대학 3학년으로 어쩔 수 없는 사정에 의해 학기 중간에 학회장을 맡게 되었다. 그런데 막상 학회장을 맡고 나니 은근히 욕심이 나는 것이었다. 유명무실한 학회장으로 끝낼 수 없다는 생각이었다. 그러기 위해서는 바닥난 학회비를 충당하는 방법을 모색하지 않을 수 없었다. 그리하여 하나의 묘안으로 동창회 명부를 발간하여 선배들을 찾아 학회비를 마련하기로 했다. 거기에는 나의 영악한 계산도 없지 않았다. 동창회 명부를 통하여 선배들과의 유대도 강화하는 한편 머지않아 다가올 졸업에 대비하여 미리 교사 자리를 알아보려는 속셈도 없지 않았다. 그러고 보면 동창회 명부의 발간은 일석이조의 노림수였다. 이후 나는 동창회 명부를 들고 많은 학교를 찾아다녔고, 많은 선배들을 만날 수 있었다. 그런데 선배 가운데 사업하는 분이 있다고 누군가 귀띔을 해 주었는데 그 분이 바로 이근후선생이었다. 나는 곧바로 침산동이었던가 확실하진 않지만 사무실로 찾아갔다. 만나는 순간 나는 실망했다. 그는 사업가가 아니라 남산골 샌님이라는 느낌이었다. 새까만 후배를 대하는 태도가 그렇고 이야기가 그랬고 풍모가 그랬다. 조금은 왜소한 체구에 흰 얼굴, 낮은 목소리, 거기에다 한 점 흐트러짐이 없는 자세가 틀림없는 '남산골 샌님'이었다. 그 때 나는 분명 그를 사장님이라고 부르지 않았다. 아니 사장이라고 부를 수 없었다. 그에게서는 사장 냄새가 전혀 나지 않았다. 그리고 얼마의 돈을 받았는지는 기억이 없다. 그 날 이후 나는 벽송 선배를 오랫동안 만나지 못했다. 그러면서 이희승 선생의 수필「딸깍발이」와 벽송 선배님을 연결하여 생각하곤 했다. 그때 내 뇌리 속에 자리하고 있는 벽송 선배님은 딸깍발이의 부정적 이미지였음을 솔직히 고백하지 않을 수 없다.

 이후 10여 년이 흘러 동문회 관계로 벽송 선배님을 가끔 만나게 되었다. 벽송 선배님을 만날 때마다 그의 곁에는 언제나 반백의 남헌 이상배 선배가 수행비서처럼 함께 했다. 이 분들 앞에서 새까만 후배는 버릇없이 치기를 부리곤 했다. 그러면 벽송 선배님은 특유의 잔잔한 미소로, 남헌 선생은 당돌한 후배를 멀거니 바라보기만 했다. 그러면서 비로소 벽송 선배님에게서 사업가가 아닌 선비의 기품을 보게 되었다. 그러고 보면 내가 처음 가졌던 '남산골샌님'의 부정적 이미지는 의식적으로 사업가로서 벽송 선배님을 연결 짓게 되었을 때 거기에서 오는 부조화였음을 깨닫게 되었다. 이후 나는 사업가 벽송 선배님에 대해서는 아는 것도 별로 없거니와, 관심도 가지지 않았다. 그는 분명 사업가는 아니다. 그는 여느 사업가들처럼 거짓말도 할 줄 모르고, 아무나 만나 너스레를 떠는 허풍쟁이도 아니고, 권력에 빌붙어 자신의 사업을 키우려는 약삭빠른 사람도 아니기 때문이다. 그가 사업을 하는 것은 보다 인간다운 삶을 실현하기 위한 수단일 뿐이다. 이것은 빈말이 아니다. 그의 사회활동을 보면 그는 단순히 돈 많은 기업가가 아니라 힘들게 모은 돈을 아름답고 깨끗하게 쓰는 것을 즐기는 분이다. 그는 분명 우리 시대 기울어지는 인륜의 핵심인 숭조상문崇祖尙門을 중시하는 벽진이씨碧珍李氏 문중의 어른으로 영남의 유림계를 대표할 뿐만 아니라 성균관 부관장을 역임한 유학자임에 분명하다. 그리하여 내가 갖고 있었던 남산골샌님이라는 부정적 이미지가 지조 높은 선비의 이미지로 바뀌게 되면서 벽송 선배님을 존경하는 선배의 한 분으로 생각하게 되었다. 그리하여 내가 재직하고 있는 경남대학교에 벽송 선배님의 집안 되는 이우태 교수를 만나면 반드시 벽송 선배님 얘기를 나눈다. 그리고 이야기가 끝날 때마다 이 교수는 바닷가 마산에 와서 상놈(?)이 다되었다고 자탄하는 것으로 마무리 하곤 한다. 사실 벽송 선배님은 '앙큼한 자존심, 꼬장꼬장한 고지식, 양반은 얼어 죽어도 곁불은 안 쬔다는 지조'를 지닌 우리 시대 마지막 남산골 샌님인지도 모를 일이다. 그리하여 나는 책장 속의 낡은 책들 속에서 이희승 선생의 수필 「딸깍발이」를 끄집어내어 다시 읽어본다.

"실상 그들은 가명인假明人이 아니었다. 우리나라를 소중화小中華로 만든 것은 어줍지 않은 관료의 죄요, 그들의 허물이 아니었다. 목이 부러져도 굴하지 않는 기개, 사육신도 이 샌님의 부류요, 삼학사三學士도 「딸깍발이」의 전형인 것이다. 올라가서는 포은 선생도 그요, 근세로는 민충정閔忠正도 그다. ㅡ역대 임금의 시호諡號를 제대로 올리고, 행정면에 있어서 내정의 간섭을 받지 않는 것은 그래도 이 샌님 혼魂의 덕택일 것이다. 국사에 통탄할 사태가 벌어졌을 적에, 직언으로써 지존에게 직소直訴한 것도 이 샌님의 족속인 유림에서가 아니고 무엇인가."

그렇다. 지금 우리에게 필요한 것은 물질적 풍요로움만이 아니다. 우리를 불행하게 하는 것은 저 50년대의 가난이 아니고 정신적 황폐화다. 황폐한 정신을 그냥 두고 물질적 풍요가 범람하면 할수록 우리의 끝없는 가짜욕망은 인간의 파멸을 재촉할 것은 말할 필요가 없다. 이럴 때 우리는 지조 높은 선비를 그리워하고 세속에서 한 걸음 물러난, 그리하여 조금은 시대에 뒤떨어진 것처럼 보이는 딸깍발이 남산골 샌님을 만나고 싶은 것이다. 그 딸깍발이 남산골 샌님이 바로 벽송 선배님이라면 선생은 웃으실까, 아니면 화를 내실까?

(2002.7)

문학과의 만남
— 초민楚民 **선생님과의 만남** —

　인간의 삶 가운데 '만남' 만큼 기대와 감동을 주는 것도 그리 흔하지 않을 것이다. 물론 만남 그 모두가 한결같은 것은 아니라서 때로는 기대가 두려움과 실망으로 바뀌고, 감동은 공포와 분노로 변하는 경우도 없지는 않다. 그 결과 즐거운 만남과 고통스런 만남이 있는 것이다. '원수는 외나무다리에서 만난다'는 옛말은 가장 난처하고 곤혹스러운 만남을 말하는 것이긴 하지만 가만히 생각하면 '외나무다리에서의 만남'이라도 만나지 않음보다는 분명 가치 있는 것임을 알게 된다. 만남이란 절망을 넘어 화해와 새로운 출발이 가능하기 때문이다. 만남이란 파괴적인 것이 아니라 새로운 무엇을 창조하는 창조적인 행위로 이어지는 것임을 간과해서는 안 될 것이다. 그렇다고 하여 우리가 살아가면서 외나무다리에서 원수와의 만남을 의도적으로 만들

필요는 없을 것이다. 그리하여 우리는 가능하면 '가슴이 따뜻한 사람'과 만나고 싶은 것이다. 가슴이 따뜻한 사람이란 자신의 모양과 색깔을 지니고 건강하게 살아가는 사람일 것이다. 이들과 만남에서는 자신의 이해利害와는 상관없이 인정이 샘물처럼 흘러나고 옳은 것은 옳고, 그른 것은 그르다고 말할 수 있는 것이다. 그런 사람들을 만날 수 있는 곳은 먼 옛날 심청이네 안방이나 춘향이네 대청만이 아니라 카츄사가 끌려가던 저 먼 시베리아 벌판에도, 외간 남자를 끌어들여 정사를 벌이는 보바리부인의 침실에서도 만날 수 있다. 이들과의 만남, 그것은 바로 문학과의 만남이라고 할 수 있을 것이다. 문학에 나타나는 인간은 새로운 인간상으로 우리 시대가 요구하는 이상적 존재라 할 수 있기 때문이다. 따라서 문학과의 만남은 어쩌면 이 세상에 존재하는 사람 가운데 가장 가슴이 따뜻한 사람과의 만남이라고 나는 확신한다.

문학과의 만남, 그것은 시골에서 자란 나에게는 가장 값지고 충격적인 만남이었다. 초등학교 시절 학생 잡지 『학원』을 통하여 '글의 재미'를 알게 되고 중학교 시절에는 나도 글을 쓰고 싶다는 충동에 따라 글쓰기를 흉내 내기도 했다. 봄날 염소를 몰고 들판에 나서면 저 멀리 퍼져 올라오는 아지랑이와 사금파리의 빛남, 그리고 아슴츠레 떠오르는 알 수 없는 그리움 같은 것을 글로 쓰고 싶었고, 또 써보기도 했다. 그리고 다시 고등학교 시절, 나는 그 때 절망이라는 것을 생각하곤 했다. 도시로 유학을 떠난 많은 친구들과는 달리 나 혼자 산골에 떨어져 있다는 사실이 나로 하여금 심한 고독과 절망에 휩싸이게 했다. 그리고 마침내 고독을 즐기게 되었다. 십리가 넘는 길을 통학하면서 나는 언제나 혼자이기를 좋아했다. 그 절대적 고독을 즐기던 시절 나는 초민楚民 박주일朴柱逸선생님을 만났다. 그 때 선생님은 제도권 문단에는 관심도 두지 않으시고, 문학적 삶을 추구하셨다. 문학처럼 아름다운 삶을 추구하고, 아름다운 삶을 문학적으로 노래하는 것을 우리에게 몸으로 보여주셨다. 우선 선생님의 풍모에서 나는 문학을 느꼈다. 적당히 잘 벗겨진 이마, 테 굵은 안경과 가끔 멀리 창밖을 응시하던, 그리하여 그리움으로 가득한 눈빛, 이러한 선생님의 모습은 한 편의 시였다. 나는 몇이서 문학 서클을 만들었고, 이름하여 <일주회>라 했다. 매주 수요일이면 모여 함께 작품을 읽고, 부끄러운 자작시를 낭송하고 기탄없이 비판하곤 했다. 비판이 너무 지나쳐 싸움으로 번진 일도 한 두 번이 아니었지만 훌륭한 작품을 쓰기 위한 과정이라 생각하며 우린 참고 견디었다. 물론 그 때마다 선생님의 지도 조언은 절대적인 것이었다.

나는 시인이고자 했다. 그리하여 나는 청마를, 미당을, 목월을 흉내 냈다. 그리고 「목마와 숙녀」를 홍얼거리곤 했다. 다른 한편으로 토스또예프스키를 따라 저 황량한 시베리아 벌판을 방황하기도 하고, 존 스타인백과 함께 새로운 삶을 찾아 캘리포니아로 고달픈 마차여행을 하기도 하고, 제대로 알지도 못하면서 까뮈를 따라 다니기도 했다. 이러한 나의 노력은 시골학교의 백일장에서 곧잘 입선의 영광을 안겨주었고, 몇 권의 시집을 얻기도 했다. 이렇게 하여 나는 소위 '장래가 촉망되는' 예비 시인으로 자부하기에 이르렀다. 그런데 나의 불행(?)은 거기에서 잉태하고 있었다. 나는 오만했고, 거기에다 게을렀다. 남의 글을 읽는 것이 시시하게 느껴지고, 쓰는 것도 귀찮았다. 그리고 졸업과 동시에 박주일 선생님과도 헤어지게 되었다.

이제 문학을 이론적으로 따져보고 싶었다. 나는 국문과를 택했다. 대학은 정말 시시했다. 나는 다시 시인이 되고 싶다는 생각을 했고, 문학 서클을 만들었다. 시골에서 올라온 나의 저돌적 행동에 친구들은 조금 당황해 하면서 따라주었지만, 내게 관심을 보여주시던 이재선 교수님은 못마땅하게 생각하시어 '이놈아 글 쓰려거든 서라벌예대나 갈 것이지. 국문과는 글 쓰는 곳이 아니야!'하고 늘상 꾸중을 하셨다. 그러나 정말 시를 쓰고 싶었고, 시인이 되고 싶었다. 1학년도 끝나가는 12월, 나는 신동집 선생님께 시를 보여드렸다. 선생님은 굵은 만년필을 내어서 줄을 긋기 시작했다. 한 편의 시가 무참히 지워지고 '이건 됐어'라는 말과 함께 다섯 행만이 살아남았다. 살아남은 다섯 행을 붙잡고 며칠 밤을 새웠다. 시가 되지 않았다. 나는 시인이 될 수 없다고 생각했다. 시인이 될 수 없으면 소설가가 되리라 하고 나는 학보『청구춘추』에 되지 않은 글을 소설이랍시고 마구 썼다. 릴케가 '문학은 체험'이라 한 말을 믿고 나는 전국을 누비며 다녔다. 그러나 결국 시인도 소설가도 될 수 없다는 생각이 점점 나를 엄습하여 왔고, 이 때 이재선 교수님은 나를 그의 연구실로 불러 주었다. 그 곳은 어떤 의미에서 나의 도피처였다. 그 때부터 나는 얌전한 학생으로 돌아 올 수 있었다. 그 날 이후부터 문학은 창조적 대상이 아니라 오직 탐구의 대상으로 내 곁에 자리하게 되었다.

    그 후 나는 솔직하게 초민선생님을 잊고 있었다. 아니 잊으려고 노력했다. 선생님에 대한 기억은 문예지의 신인당선소감을 볼 때, 혹은 신춘문예 작품모집 광고를 볼 때마다 되살아났고, 그것은 나의 슬프고도 아픈 생채기였다. '시가 쓰여지지 않을 적마다 머리카락을 잡아당겨 대머리가 되었다'고 하시던 초민선생님께서 나의 경박한 행동을 용납하지 않을 것으로 생각했다. 그런데 그로부터 10여 년 후

선생님의 처녀시집 『眉間』 출판회에 나를 불러주시고 선생님의 약력소개를 내게 맡겨주셨다. 버릇없는 제자에게는 무서운 벌罰이었다. 그 후 1년에 한 두 차례 만나 뵙게 되었지만 버릇없는 제자의 자리에서 한 걸음도 벗어나지 못하고 있었다. 그런데 몇 년 전 1년간 일본에 머물다 돌아온 이후 이 일 저 일로 선생님을 만나 뵙지 못하고 있었다. 고등학교를 졸업하고 10여 년 만에 못난 제자를 찾아 주셨던 것처럼, 이번에도 4~5년 만에 고희를 앞두고 버릇없는 제자를 다시 찾아 주셨다.

나이가 든 지금에도 신춘문예 광고를 보거나, 문예지 신인당선 소감을 보면 가슴이 설레고 현기증 같은 이상한 증세가 나타나는 것은 무슨 병인지 병명은 확실치 않지만 그때마다 나는 초민선생님을 만나게 되고, 이러한 증세 또한 초민선생님을 만난 이후로 줄곧 앓아오고 있는 병임에 틀림없다. 그리고 보면 선생님은 지금토록 내게 큰 벌을 주고 있는 것이다. 그런 의미에서 초민 선생님과의 만남은 아름다운 악연惡緣이라 하지 않을 수 없다. 지금은 시인도, 소설가도 아니면서 문학을 좋아하고 그리하여 문학을 창조하려는 젊은이들과 문학을 이야기하면서 더불어 살고 있음은 어느 의미에서는 커다란 형벌이고, 또 다른 한편으로는 내 조그만 위안이기도 하다. 그러나 다시 생각해 보면 창조의 기쁨은 맛보지 못하지만, 창조자의 고통을 이해하고 창조자의 기쁨을 함께 나눌 수 있다는 것은 진정 행복한 일이다.

창조적 만남, 그것은 시인과의 만남이고 시와의 만남을 통하여 도달할 수 있는 세계가 아닐까? 이 모든 것은 따지고 보면 초민 박주일 선생님과의 만남에서 비롯되었다. 따라서 선생님과의 만남은 바로 문학과의 만남이었다. 그러고 보면 초민선생님은 10년 만에 혹은 4-5년 만에 이따금 만나는 것이 아니라 내 조그만 서재에서 또는 연구실에서 때로는 반가운 얼굴로, 때로는 괴롭고, 고통스런 모습으로 만나고 있는 것이다. 그 때 선생님은 한 편의 감미로운 시나 소시민의 삶을 보여주는 한 편의 소설로, 때로는 딱딱하고 근엄한 문학비평이란 모습을 하고 있을 뿐이다. 그리고 가만히 내게 들려주는 것이다.

오게나,
울도 담도 없는 곳
올려거든 오게나
훨훨 벗어 놓고
바람 더불어 올려거든
알몸 가볍게 오게나.
사방으로 열린 길

어디에고 오게나,
한량없는 공지空地와 저 구름빛과
넘치는 강이 있을 뿐,
어디 헤아릴 것 있나
눈과 귀 잘라 두고
떡갈나무 굽은 허리
제일 끝가지를 골라잡아
희희 웃고 올려거든
오게나.

—박주일, 「永遠에의 길」 전문

  그러나 나는 아직 선생님의 말씀을 따르기에는 너무 어리다. 세속과 욕망에 사로잡혀 진실을 보지 못하고 있는 것이다. 릴케가 시인은 '보는 사람'이라 한 것처럼 선생님이 본 그 '영원에의 길'이 내게는 도시 보이지 않고, 멀게만 느껴지니 역시 시인의 자질은 조금도 없으면서 오직 선생님을 일찍이 만난 탓(?)에 지금도 문학 곁에서 서성이고 있다는 것은 행인지 불행인지 알 길이 없다.

(1994)

학문의 길
- 의당毅堂 이재선 교수님과의 만남 -

내가 학문에 뜻을 두게 된 것은 운명적인 것이라고 할 수 있다. 그것은 대학 입학시험을 치던 날부터 운명처럼 내게 찾아왔다. 영어시험을 치고 있을 때 감독으로 들어 온 키 작은 젊은 교수님은 나의 답안을 유난히 지켜보았다. 내가 시험을 칠 때마다 나의 운명을 바꾸어 놓은 것은 수학이었지만 영어는 어느 만큼 자신이 있었고, 그 날 영어시험 역시 무난히 치렀다. 그리고 입학하고 신입생 환영회에서 입학시험 때 감독교수께서 나를 알아보았다. 이름을 확인하고, 대학신문사에 들어오라고 했다. 사실 대학에 입학하고서도 나는 방황하고 있었다. 강의실에 들어가도 신나지 않았고, 강의 내용 또한 마음에 들지 않았다. 고등학교시절의 수업보다도 엉성했고 신선함도 없었다. 그래서 이런 현상은 지방대학의 한계가 아닐까 하는 생각을 하게 되었고, 또 다시 삼수三修의 길을 생각하게 했다. 그러나 한 번 재수의 경험을 갖고 있는 내겐 그 또한 두려웠다. 그런 방황의 시기에 대학신문사는 분명 새로운 도피처일 수 있었다.

당시 학보사는 이름 또한 여느 대학신문과는 달리『청구춘추』라는 이름으로 주간으로 발행되고 있었는데 강의실에 들어가지 않고도 하루를 바쁘게 지낼 수 있다는 것만으로도 신이 났다. 기사작성과 편집훈련을 혹독하게 했다. 그리고 인쇄소를 드나들고, 저녁이면 막걸리 집에서 선배기자들과 함께 술을 마셨다. 그 때 신문사 주간 교수가 바로 의당毅堂 이재선李在銑 교수님이었다. 이후 2년 간 이재선 교수님과 함께 신문사에서 보냈다. 학보사에서 2년을 보내자 의당 선생님은 학보사 주간을 그만 두게 되면서 내게 신문사를 그만두고 당신의 연구실로 오라고 했다. 연구실로 옮겨 온 내게 교수님은 리처즈I. A. Richards의『The Meaning of Meaning』에서 표시한 부분을 번역하라고 하였다. 내 영어실력을 믿고 맡긴 것이긴 했지만 2년 동안 책과 담을 쌓고 지낸 내게 번역이란 무서운 벌罰이 되었다. 그러나 믿고 맡긴 교수님에 대해 실망시킬 수 없다는 쥐꼬리 같은 나의 자존심이 한 페이지를 번역하는 데 수 십 번 사전을 뒤지게 했다. 그러고 보니 진도가 나갈 수 없었다. 지정된 날짜에 반도 하지 못했다. 교수님으로부터 심한 꾸중을 들었지만 꾸중보다 내 자신이 부끄럽기 짝이 없었다. 선생님으로부터 꾸중은 그 이 후에도 계속되었지만 싫지 않았다. 그리고 3학년 때 영어원강이 있었는데 브룩스Brooks 의 『Understanding Fiction』을 교재로 한다고 하면서 그 책의 일부를 교재로 만들어 보라고 했다. 영문과에 다니는 친구와 함께 그 책의 이론 편을 타이핑하여 교재를 만들기로 했다. 등사기를 빌려와서 늦은 밤까지 친구는 타이핑하고 나는 등사판을 밀어 책을 만들었으나 글자가 제대로 보일 리가 없었다. 그리하여 수업시간이면 학생들에게 읽고 해석하라고 하면 모두들 보이지 않아 읽을 수 없다고 하며 뒤로만 돌았다. 그러면 유일하게 원서 책을 갖고 있던 내게 읽고 해석하라고 했다. 발음이 잘못되면 "독일어 하느냐"고 교실에서 꾸짖었지만 대체로 그 강의는 내가 읽고 해석하면 선생님께서 구체적인 설명을 하는 방식으로 진행되었다. 그런데 성적표를 받아보니 B학점이었다. 그래서 선생님께 학점이 잘못된 것이 아니냐고 했더니 선생님 왈 "너, 나보다 영어 잘 하니? 내가 A이고 너는 나보다 못하니 B가 당연하지 않니." 하셨다. 그리고 4학년이 되던 봄에 영남지역 국어국문학과 학술발표대회가 부산대학교에서 개최되었다. 그 때 발표를 하였는데 소설가인 김정한金廷漢 교수님으로부터 과분한 칭찬을 받았다. 그 때도 선생님께서는 칭찬은커녕

"아직 멀었다."고 했다. 그러면서도 대학원 진학을 권하셨다. 대학원은 대학입시에서 낙방한 한을 풀 수 있는 기회로 삼으라며 정한모鄭漢模 교수에게 소개해 주시고 내가 옆에 있는데도 처음으로 칭찬도 했다. 그러나 나는 서울에의 진학을 포기했다. 당시 서울의 대학원 정원이 고작 2명이었으니 감히 내가 도전하기에는 실력도 부족했을 뿐만 아니라 등록금 문제가 걱정이기도 했다. 그리하여 계속하여 의당 선생 밑에서 공부하기로 했다. 졸업과 동시에 고등학교에 취직을 하고 대학원을 다녔으니 선생님의 마음에 들 리 없었다. 겨우 1년을 채우고 논문에 대한 의논을 할 무렵 선생님은 서울로 자리를 옮기게 되었다. 이제 비로소 학문적으로 가장 필요할 때 나는 고아처럼 외톨이가 되었고, 꾸중도 칭찬도 해 줄 사람이 없었다. 그런데 서울로 올라가신 해 가을이었던가, 의당 선생님께선 볼 일이 있어 대구에 내려 오셨고, 부모님이 계시는 집을 두고 나의 초라한 셋집에서 나와 함께 주무셨다. 그 날 무슨 이야기를 들려주셨는지는 정확하게 기억할 수 없지만 누구에게도 지도 받을 수 없음을 한탄했던 것 같고, 그 때 선생님께서는 서울에 파견 가서 있다고 생각하고 자주 연락하라고 하셨던 것 같다. 어쨌든 나의 셋집에서 선생님이 하루 밤을 함께 했다는 사실만으로도 나에 대한 선생님의 애정과 신뢰가 어떤 것인가를 생각했고 내겐 학문에 대한 열정을 갖게 하는 계기가 되었다. 그러나 이 후 나는 선생님을 찾아뵙지 않았다. 한 시도 잊어버린 적은 없고, 당신의 제자라는 사실에 약간의 자부심을 갖고 있으면서도 스스로 게으르고 이렇다 할 글을 보여드리지 못하는 것이 부끄러웠기 때문이었다. 그리고 나 또한 대학에 자리를 잡았고, 강의실에서는 의당선생님을 흉내 내었고, 마산까지 오셔서 학술강연도 해주셨다. 그리고 서울로 올라가서 격려의 편지를 주셨다.

"무사히 상경, 마산행을 생각하니 너무나 흥분할 여행이었고, 자네의 고마움이 가슴깊이 새겨져오네그려. 너무 고맙네. 사람이 남의 스승이 되어 받을 수 있는 그이상의 보람과 희열을 이보다 더 어디에서 찾을 수 있겠는가.…… 뭇 사람들이 자네의 강의나 연구자세가 나와 닮았다니 참 반가운 일이었네. 나보다 더 나은 씨를 뿌리고 거두는 교수로 완숙해지기를 진심으로 기원하네.…… 하략下略"

많은 세월이 흐르고 의당 선생님이 회갑이 되었다. 오래 뵙지 못한 선생님께 그간의 잘못을 빌고 학덕을 빌 수 있는 기회라는 생각에 회갑연에 참석했다. 의당 선생님께서 회갑을 지나자 비로소 내게 어른으로 느껴지기 시작했다. 그러나 멀리 서울에 계신다는 핑계로 세배도 세찬도 한 번 드리지 못했다. 그럼에도 불구하고 내가 평생을 책 읽고 학생들과 더불어 학문을 이야기할 수 있었던 것은 의당 선생님과의 만남이 있었기 때문임을 잊지 않고 있다. 그래서 일년에 한 차례 내 고향의 명물 영양고추 몇 근을 보내드리며 선생님의 고마움을 잊지 않고 있다는 징표로 삼을 뿐이다.

(2002)

정여, 투명한 호수의 조용함.
- 정여靜如 윤영옥 교수의 정년을 기리며 -

　오늘 이 자리는 30여년을 모교인 영남대학교에서 후진양성을 하시다 정년을 맞이하신 정여靜如 윤영옥尹榮玉 교수님의 퇴임을 맞이하여 한국 고시가학계를 대표하는 학자들에 의하여『한국고시가의 수용과 변화』라는 기념논문집과 더불어 문집『정여』를 봉정하는 자리입니다. 이런 뜻 깊은 자리에서 영남대학교 국어국문학과 총동문회를 대표하여 축하의 말씀을 드리게 된 것을 기쁘게 생각하면서 전 동문의 이름으로 정여선생의 퇴임을 축하하고 그간의 노고에 대하여 위로의 말씀을 드리는 바입니다.

　이 자리는 평소 정여선생과 특별히 교분을 쌓으며 학문을 함께 했던 선후배와 선생의 가르침을 받았던 제자들이 선생의 학덕을 기리고 후진양성을 위해 애쓰신 노고를 다함께 위로하는 동시에 축하드리기 위하여 모였습니다. 그러므로 여기에서 정여선생의 학문세계와 살아오신 삶의 족적에 대해서는 모두들 잘 알고 계시기 때문에 제가 다시 말씀드리는 것은 어떤 의미에서는 부질없는 일일지도 모릅니다. 또한 그러한 이야기는 정여선생께서도 원하지 않는 일이라고 믿습니다. 정여선생께서는 평생토록 자신의 일을 남에게 드러내는 것을 의식적으로 피해왔을 뿐만 아니라 남에게 폐 끼치는 것을 극도로 경계하셨습니다. 그러므로 오늘 이 봉정식도 제자들의 고운 마음을 끝내 거절할 수 없어 수용하신 것으로 알고 있습니다.

정여선생의 학문세계는 1980년『신라시가의 연구』를 비롯하여 2005년『송강, 고산, 노계가 찾아든 산과 물, 그리고 삶』이란 저서에 이르기까지 20여권의 저서를 통하여 신라의 향가에서 시작하여 고려 가요의 세계를 거쳐 조선조의 시조와 가사, 그리고 한문학에 이르기까지 한국의 고전시가 전 영역에 걸쳐 넓고 깊이 있는 연구로 고전문학 연구의 새로운 지평을 열었습니다. 그런가 하면 한민족어문학회를 비롯하여 한국어문학회, 한국시가문학회, 한국시조학회 회장을 역임하면서 국어국문학계의 발전에 크게 기여한 것은 우리 모두 익히 알고 있는 사실입니다. 그러므로 오늘의 퇴임은 다만 공식적으로 영남대학교의 교수직을 면하는 것일 뿐 정여선생의 학문 세계는 결코 끝나지 않고 더욱 더 빛을 발하리라는 것을 우리 모두는 잘 알고 있습니다.

그러나 돌이켜 생각하면 오늘의 대학사회는 예년과 많이 달라졌습니다. 학문의 순수성이 훼손되고 있으며, 스승에 대한 존경심과 교수사회의 위계질서 또한 사라져가고 있습니다. 그럼에도 불구하고 정여선생께서 보여주신 학자적 태도와 제자에 대한 남다른 애정이야말로 대학에 몸담고 있는 모든 사람에게 하나의 사표로 영원히 기억될 것입니다.

사실 이 자리에서 저 개인적 이야기가 용납될 수 있다면 정여선생과 저와의 인연은 각별한 것이라 하지 않을 수 없습니다. 대학시절 학보사 기자를 하며 외도를 하다가 처음으로 공부를 시작하려 할 때 저를 귀여워 해주시던 이재선 교수님께서 윤영옥 군을 한 번 만나보라고 하셨습니다만 먼발치에서만 보았을 뿐 직접 만나서 이야기를 들을 수 있는 기회는 만들지 못했습니다. 그러다 4학년이 되어 청구고등학교에서 교생실습을 하고 다음 해인 1968년 청구고등학교에 교사로 부임하면서 비로소 함께 근무하는 기회를 얻게 되었습니다. 그러나 어떤 의미에서 정여선생은 범접하기엔 어려운 선배였습니다. 그것은 선생이 보여주시는 언행이 너무나 정제되고 단정하였기 때문이었습니다.

그런데 청구고등학교를 떠나게 된 것도 정여선생과 함께 했습니다. 1974년 선생께서는 모교인 영남대학교로, 저는 경남대학교로 자리를 옮기게 되었습니다. 그 이후 지금까지 정여선생은 저에게는 형님처럼 어려우면서도 또한 친근한 관계를 유지해 왔다는 것은 저로서는 행운이었습니다.

이제 정여 윤교수님께서 공식적인 자리에서 퇴임한다는 것은 온전한 자유인, 혹은 무애인이 되는 것을 의미한다고 할 수 있습니다. 무엇이든 이제는 자신이 하고 싶은 것은 모두 할 수 있습니다. 앞으로 읽고 싶은 책만 읽을 수 있고, 쓰고 싶은 글만 쓸 수 있게 되었습니다. 그리고 가고 싶은 곳을 언제든 갈 수 있고, 보고 싶은 것은 언제든지 볼 수 있는 기회를 갖게 된 것입니다.

그러나 진정 자유인이 되기 위해서는 더욱 건강에 유념하시어 지금처럼 언제나 건강하시길 기원합니다. 그리고 정여선생을 살뜰히 내조해주신 사모님께 감사와 축하의 인사를 드리고, 두 분 함께 선생의 저서 『송강, 고산, 노계가 찾아든 산과 물과 그리고 삶』에서 발견한 선인의 이상향을 찾아 복된 날들이 영원하리라 믿으며, 두서없는 말로 축사에 대신합니다. 오랜 교직생활을 큰 업적을 남기신 선생님의 퇴임을 다시 한 번 축하드립니다.

(2007)

홀로 가는 길은 아름답다.
― 태암太岩 권태을權泰乙 교수의 학문세계 ―

　홀로 가는 길. 그것은 아름답다. 다른 사람의 눈에는 때로는 외롭고 쓸쓸해 보일지 모르지만 진정 홀로 가는 길은 아름다운 것이다. 홀로 가는 길은 좁은 길이고 때로는 길이 끊어져 방향을 잘못 잡아 한 자리를 배회할 수도 있고, 비바람 불거나 해지는 저녁에도 마땅히 쉬어갈 주막집조차 없어 위험하기까지 하다. 그럼에도 홀로 가는 사람은 외로워서 더욱 아름답다.
　그와는 달리 넓은 길을 가는 것은 멋쩍다. 넓은 길은 언제나 시장처럼 분주하고, 졸부네 집 안방처럼 화려하다. 넓은 길에는 언제나 많은 길손이 있어 가는 도중에 낯선 사람을 만나게 마련이고, 그들과 동행을 하기 위해서는 서로 보조를 맞추어야 하고, 또 끊임없이 이야기를 주고받아야 한다. 그것은 분명 세상을 살아가는 데 있어서 피할 수 없는 과정이며, 동시에 세속적인 즐거움이 거기에는 있다. 그러나 많은 사람과 함께 하는 길은 때로는 자신의 생각보다는 타인의 생각에 따라야 하고, 그 자리의 분위기를 깨뜨리지 않기 위하여 자신의 생각과는 다른 이야기에도 적당히 귀기울여 주어야 할 뿐만 아니라 때로는 인사치레의 찬사도 기꺼이 보내주어야 한다. 그런가 하면 심지어 타인의 이야기에 휩쓸려 자신의 생각을 바꾸어야 하는 경우도 있게 마련이다. 그와는 반대로 자신의 생각을 다른 사람에게 강요하여 분위기를 망가뜨리는 경우도 없지 않다. 그러고 보면 많은 사람과 함께 가는 길은 겉으로는 화기애애하고 화려하게 보일지 모르지만, 그것은 자신의 개성과 정체성을 방기하고 타인의 생각이나 집단의 분위기에 자신을 내맡기는 어리석음을 범하는 일이라 할 수 있다. 그럼에도 불구하고 요즘에는 대부분의 사람들이 홀로 가는 것을 두려워하고 많은 사람들이 가는 넓은 길만을 좇아가는 경향이 두르러지게 나타나고 있다.

  이런 경향은 요즘 들어 학문하는 사람들의 세계에서도 예외는 아니다. 학문의 대상은 물론 방법론에 이르기까지 시류에 따라 무리를 지어 휩쓸고 다니고 있다. 이런 경향을 두고 어느 누구는 한국의 학계에는 학자는 많으나 진정한 의미의 전문가가 없다고 했다. 이런 경향은 나를 포함하여 주위의 많은 사람에게서 흔히 나타나는 현상이다. 남들이 하는 것을 뒤좇아 가지 않으면 학문의 대열에서 빠지거나 뒤쳐진 것처럼 스스로 생각하고, 남들 또한 학문의 새로운 경향을 외면하고 있다고 비난하기 때문에 여기저기를 넘나들다 보니 이렇다 할 자기 세계를 구축하는데 실패하고 잡학雜學을 박학博學으로, 신기성을 참신함으로 착각하고, 주관적 편견을 자생적 이론이라고 포장하는 어리석음을 저지르고 있는 실정이다.

  참된 학문의 길은 정녕 외로운 길이고 홀로 가는 길이라고 생각한다. 학문의 길이란 구도자의 그것처럼 형자荊刺의 길을 거쳐 새로운 진실과의 만남인 것이다. 학문의 길은 분명 홀로 가는 길이며, 동시에 외로운 길이기에 값지고 아름다운 것이다. 특히 태암太岩 권태을權泰乙 교수의 학문세계를 옆에서 보고 있노라면 그런 생각이 더욱 강하게 느껴진다. 태암 선생의 학문 세계는 이미 세상에 널리 알려진 작가와 작품을 남들과 같이 시류에 따라 연구하지 않을 뿐만 아니라 남들의 주장에 시비를 하지 않고 시골에 묻혀 세속을 멀리하고 향촌鄕村에 묻혀있던 문집을 찾아 그 가치를 밝혀주는 작업에만 몰두했다. 그 결과 묻혀져 있던 향촌 선비가 제 모습을 드러내게 되었을 뿐만 아니라 권 교수 또한 학자로서 독자적 면모를 확립할 수 있었던 것이다. 권

교수는 많은 학문적 업적을 쌓았지만 그 가운데서 가장 두드러진 업적으로 『상주한문학(尙州漢文學)』이라는 방대한 저서를 내놓았다. 그는 상주지역에 흩어져 있는 숱한 문집을 수집 정리하였으니, 찾고 확인한 문집이 240여 본이고, 소개된 작가만도 360여 명으로 한 사람의 노력으로 완결하기에는 너무나 거창한 학문적 업적을 내놓은 것이다. 그러나 이러한 방대한 업적보다 소중한 것은 그의 학문적 태도라 하지 않을 수 없다.

그는 자신의 학문적 태도를 "가보(家寶)가 향보(鄕寶)가 될 수 있고, 향보가 국보(國寶)가 될 수 있다는 생각에서 실로 바닷물을 잔으로 헤아리는 미련"이라 하면서 이를 한평생 실천했다. 이러한 미련에 가까운 집념은 "선현들의 이른바 이루기는 어렵지만 지키기는 더욱 어렵다는 교훈을 실천하고자 함에 있었음"을 밝히고 있어 학문의 길이 어떠한 것이어야 하는가를 몸으로 보여주었다. 그리하여 우리는 비로소 시류에 휩쓸리지 않고 자신의 세운 학문의 길을 홀로 걸어 온 진정한 학자의 모습을 그에게서 보게 되는 것이다. 실로 태암 선생이야말로 상주지역 한문학을 위해 평생을 바친 학자라 할 수 있다. 상주한문학이 있어 태암 권태을 교수가 있을 수 있었고, 태암선생이 있어 상주한문학이 비로소 빛을 더하게 되었다.

정녕 홀로 가는 길은 아름답다. 그것이 비록 시골의 오솔길이고, 세상 사람들의 눈을 현혹하게 할 거창한 것이 아니라 할지라도 작은 것들을 정성으로 갈고 다듬어 찬란한 보배로 만들어 놓을 수 있었던 것은 홀로 가는 자의 외로움에서 비롯된 것이 아니겠는가? 이제 태암 선생의 가슴 속에는 지난 수십 년 간 남들이 걷지 않던 오솔길을 홀로 걷던 날들의 외롭고 고달팠던 기억보다는 홀로 가는 길섶에서 세상 사람들로부터 잊혀졌던 선인들과 주고받은 정겨운 대화가 잔잔한 파문을 일으킬 것이다. 그리고 그 작은 파문에 눈 지그시 감고 눈가에 맺힌 잔주름 위에는 고운 미소로 가득할 것이다. 그리고 홀로 가는 자만이 누리는 작은 즐거움을 만끽할 것이다.

(2004.11)

소산형素山兄과 가훈

　소산素山 김기탁金基卓 총장이 2008년 2월에 퇴임을 한다고 연락이 왔다. 그러면서 퇴임을 기념하는 문집을 만든다고 했다. 그 날부터 나는 고민하기 시작했다. 내가 대학에 입학했을 때 소산 형이 4학년이었고, 학회장을 하고 있어 그 때부터 인사하며 지냈으니 벌써 40여 년 존경하는 선배로, 때로는 버릇없는 후배로 흉허물 없이 지냈다. 소산형은 언제나 자상했고, 때로는 근엄하여 40여 년 가까이 지내면서도 소리 내어 웃는 모습도, 얼굴 붉혀 화내는 모습도 본 일이 없고 보니 좋게 말하면 옛 선비의 풍모를 지닌 분이고 나쁘게 말하면 무골호인이라 할 수도 있을 것만 같다. 그러고 보니 막상 소산 형의 퇴임을 기리는 글을 쓴다는 게 막연하기만 했다.
　그래서 얼마동안 형과의 40여 년에 걸친 교유交遊를 되돌아보게 되었다. 사실 소산 형과는 먼 연비聯臂가 있어 좀 더 친근하게 지냈던 것 같다. 가깝게는 형의 처외가가 우리 집안이고, 멀리로는 우리 5세조世祖이신 양렬공(諱·仁璧)께서 중국 사신으로 갔을 때 함께 갔던 분이 소산형의 18대조(諱·樹)되시는 분이었다. 그런데 놀라운 사실은 양렬공은 태조 이성계의 자형姉兄되는 분인데 중국에서 귀국하다 당신의 처남이 역성혁명을 하여 임금이 되었다는 소식을 듣고 서울로 가지 않고 곧바로 강원도 양양襄陽으로 들어가 몇 차례에 걸친 태조의 부름에도 나아가지 않고 고려유신으로 평생을 마쳤으며, 소산형의 선조 또한 귀국 길에 조선의 개국 소식을 듣고 발길을 돌려 중국으로 다시 들어가게 되었으니 어찌 가벼운 인연이라 할 수 있겠는가.

이런 연유로 서로 나이가 들면서 우리가 만나면 때때로 집안 이야기를 하는 기회가 많아졌고, 이러한 인연으로 우리 사이에는 선후배의 위계를 뛰어넘어 우의友誼를 더욱 돈독하게 되었다. 그래서 언젠가 소산 형에게 우리 집의 가훈家訓과, 가훈과 관련된 내력을 이야기하게 되었다.

우리 집의 가훈은 "지행상방志行上方하고, 분복하비分福下比하라."이다. 이 말씀은 나의 8대 방조傍祖인 옥천공玉川公(諱·德鄰)께서 자손들을 가르칠 때 화두話頭로 삼았던 것이다. 우리 집안은 정암靜庵(諱, 光祖)선생께서 기묘년(1519)

의 사화士禍로 전라도 화순으로 유배를 당하자 공의 삼종숙三從叔 되는 분이 화를 피하여 외가인 영주로 낙남하고, 그 손자되는 분이 신분마저 숨기고 두메산골 영양에 새로운 세거지를 마련하여 은거하면서 영양 세거가 시작되었다. 그 후 50여 년 뒤인 인종 원년(1545)에 정암 선생이 신원伸寃되고, 선조 원년(1568)에 문정文正이란 시호諡號를 받고 기묘명현己卯名賢에 오르면서 비로소 집안이 옛 명성을 다시 찾게 되었다. 그 사이 물론 과거를 통한 출사의 길은 막혔지만 영양입향 초기 임진왜란이 일어났을 때는 망우당 의진에 참여하여 큰 공을 세웠고, 병자호란 때에는 군자軍資를 쾌척하여 선비의 도道를 실천하였다. 그리고 마침내 정암선생의 신원으로 과거에 응시할 수 있게 되면서 오래지 않아 옥천공 형제분이 나란히 대과에 급제하여 영양을 세상에 알렸다. 이 후 벼슬길에 오른 옥천공은 강직한 성품으로 영조 조에 이르러 나라가 잘못되고 있음을 간파하고 사직을 청하는 상소를 올리면서 혼미한 정국을 바로 잡을 것을 건의하는 을사십조소乙巳十條疎를 통하여 실질적인 탕평을 건의했다. 그러나 이것이 빌미가 되어 당시 권력을 잡고 있던 노론의 끈질긴 참소에 의하여 마침내 귀양을 가게 되고 귀양길에 생을 마쳤다. 이처럼 옥천공의 삶은 두메산골에 묻혀 살면서도 큰 뜻을 키웠고, 벼슬에 나아가서도 이해득실을 떠나 정의를 실천하려다 화를 당하였다. 이러한 삶의 철학은 바로 "지행상방"에서 비롯되었고, "분복하비"하여 자신의 불운을 기꺼이 수용할 수 있었으리라.

이러한 나의 이야기를 들은 소산 형은 우리 집(이것은 어쩌면 우리 집안의 가훈이라고 해야 할 것이지만) 가훈을 써 주겠노라고 자청했다. 이런 경우를 두고 "불감청不敢請이나 고소원固所願"이라 했던가. 평소부터 소산형의 단아한 글을 한 점쯤 내 조그만 서재에 걸어두고 싶었던 내겐 뜻밖의 행운이었다. 그리고 얼마 후 소산 형은 "志行上方分福下比"를 단정한 예서체로 써주었다. 글을 받고 곧바로 표구하여 내 작은 서재에 걸어두고 아침저녁으로 이 말을 되새겨 보는 것이 요즈음 나의 일상이 되었다. 하지만 "지행상방志行上方하고 분복하비分福下比하라."는 가르침과는 달리 뜻하는 바는 자꾸만 낮아지고, 현실적 욕망에 사로 잡혀 하루도 편안하지 않으니 이 말씀을 남겨주신 할아버님과 글씨를 써 준 소산 형께 부끄러울 뿐이다.

(2007)

큰 바위 얼굴

채산採山 홍우흠 교수의 퇴임을 축하함.

30여 년간 모교 영남대학교 사범대학에서 후배를 가르치는 한편 한국한문학 연구에 필생을 바쳐온 채산採山 홍우흠洪禹欽 교수께서 정년을 맞이하여 선후배, 그리고 많은 내빈의 축하 속에 퇴임을 기념하는 문집봉정식을 갖게 된 것을 영남대학교 국어국문학과 동문회를 대표하여 진심으로 축하합니다.

앞에서 많은 분들이 홍 교수의 근엄한 학자로서의 면모만을 이야기하였기에 저는 좀 더 다른 이야기, 예를 들면 젊은 대학시절의 작은 에피소드를 통하여 로맨티스트로서 홍교수의 면모로 이야기를 시작하려고 합니다.

채산 홍 교수와의 교우는 제가 1964년 청구대학에 입학하면서부터 비롯되었으니 홍 교수와의 인연은 거의 반세기에 이릅니다. 당시 대학신문인 청구춘추에 견습기자로

들어가면서 1년 선배인 홍 교수를 처음으로 만나게 되었습니다. 그런데 홍교수와의 특별한 인연은 4월 하순에 맺어졌습니다. 여기에서 특별한 인연이란 이런 것들입니다. 저희들 신입기자 환영회를 청도 운문사에서 가졌습니다. 운문사에 도착하자마자 술을 마시게 되었는데 술이 모자라서 홍 교수와 또 다른 한 사람이 술을 구하려 마을에 내려가서 몇 시간이 되어도 돌아오지 않아 저와 또 다른 신입기자가 찾으러 내려갔습니다. 얼마를 내려가다 보니 개울에 두 사람이 쓰러져 있었습니다. 특히 홍 교수는 차가운 물 가운데 쓰러져 의식이 없었고, 지나가던 마을 사람들조차 젊은 사람 하나 버렸다고 걱정을 하였습니다. 저는 물에 빠져있는 홍 교수를 둘러업고 마을로 들어가 젖은 옷을 벗기고 쌀뜨물을 만들어 마시게 했습니다. 이렇게 되자 신입기자 환영회는 침통함으로 바뀌었고, 몇 시간이 지나서야 홍 교수의 의식이 돌아오자 지도교수는 조금은 안도하면서 돌아갈 것을 재촉했습니다. 돌아오는 차 속의 분위기는 침통하기 짝이 없는데 속옷 하나만 걸친 홍 교수의 횡설수설은 끝이 없었습니다. 이날의 해프닝은 두 사람이 술을 사러 마을에 가서 도라지 위스키 두 병을 사오다가 이것으로는 모자랄 것 같아 개울가에 앉아 마시고 다시 술을 사오겠다는 생각에서 시작되었고, 한 병씩을 마시고 홍교수가 정신이 없어지자 술을 깨게 한다고 다른 한 친구가 홍 교수를 물속에 집어넣고 자신도 취하여 잠이 들어버렸던 것입니다. 그 이후 학보사에서는 금주령이 내려지고 두 사람에 대한 징계가 있었던 것은 물론입니다만 이 일이 계기가 되어 저와는 허교하는 친구가 되었습니다. 그러나 금주령은 오래가지 못하여 유야무야되었고, 그 해 늦은 가을 동촌에서 술을 마시다 고주망태가 되었던 데다가 마침내 통행금지 시간이 되어 집으로 돌아가지 못하게 되자 자기 집이 동화사만 넘으면 될 뿐만 아니라 거기에는 순경도 지키지 않는다며 자기 집으로 가자고 했습니다. 술에 취한 채 동화사를 거쳐 부계 한밤[大栗]까지 가게 되었는데 술이 깨자 춥기도 하고 지쳐서 길가에 있는 낟가리에 들어가서 자고 새벽에서야 홍교수의 집에 도착하여 꽁보리밥 한 그릇씩 먹고 한낮을 자기도 했습니다.

또 하나 당시 교복이란 군복을 염색하여 사시사철을 입던 시절에 홍교수의 여름교복은 베잠방이였습니다. 아마 군복을 사 입을 형편도 못되어 시골에서 입던 옷을 그대로 입고 다녔든 것 같습니다. 저 또한 구두를 신을 형편이 못되어 까만 고무신을 신고 다녔는데 학보사 기자이기 때문에 홍교수나 저나 멋쟁이로 인식되기도 했습니다. 이처럼 청구춘추사 시절의 홍 교수는 지금처럼 근엄한 학자풍도 아니었고 문필가들이 즐겨 보이는 방랑벽을 지닌 로맨티스트였습니다.

그러나 홍 교수의 가장 아름다운 점은 참된 사제지도師弟之道를 실천하고 있다는 점입니다. 모산 심재완 선생님에 대한 홍교수의 정성은 진정한 사제지도가 어떠한 것인가를 실천해 보이고 있습니다. 군사부일체君師父一體라는 옛말처럼 채산 형에게 있어서 모산 선생님은 부모와 조금도 다름이 없습니다. 얼마 전 고위 공직을 마치고 퇴임한 분이 자신이 돌보아 소위 출세한 사람 가운데 퇴임 후에 찾아오는 사람이라곤 하나도 없다고 서운해 하면서 교수 사회의 사제관계에 대하여 부러워하기에 제가 한 마디 했습니다. 적절한 비유가 아닐지도 모릅니다만 공무원 사회나 일반 사회에서의 인간관계란 현금거래이거나 아니면 입찰거래라고 한다면 교직사회는 신용거래이고 외상거래이기 때문에 평생을 두고 갚아가는 것이라 했습니다.

사실 홍 교수가 오늘이 있기까지 모산 선생님으로부터 학문적으로나 인간적으로 큰 가르침을 무상으로 받아 왔습니다. 그리하여 홍 교수는 지금껏 모산 선생께 진 빚을 갚고 있는지도 모릅니다. 그 빚의 마지막 갚음은 모산 선생을 존경하고 모산 선생님의 학덕을 계승하고 마침내 모산 선생님을 닮는 일이었습니다. 그 결과 지금 채산 선생은 미국 작가 나다네엘 호손의 『큰 바위 얼굴』에서처럼 또 한 분의 모산 선생으로 자리하게 되었습니다.

또 하나 말씀드리고 싶은 것은 채산 홍우흠 교수가 중국 학계에 미친 영향입니다. 몇 년 전 홍교수께서 회장으로 있는 동아인문학회의 한중일 국제학술회의에서 주제발표를 하게 되어 홍교수와 함께 일본에 갔을 때 홍교수에 대한 중국학자들의 태도였습니다. 그들의 태도는 마치 사이비종교의 교주를 대하는 듯했습니다. 홍교수와 악수하는 것 하나, 이야기 한 마디 하는 것을 축복이나 받은 것처럼 흐뭇해했습니다. 이 모습을 보고 제가 홍교수가 아닌 홍교주洪敎主라고 부르기도 했습니다. 이처럼 홍교수에 대한 중국학자들의 강한 신뢰는 홍교수의 학문적 세계에 대한 외경심에서 비롯된 것이면서 동시에 끝없이 베풀고자 하는 푸근한 인정과 한 번 알게 된 사람에 대하여 끝까지 신뢰하는 열린 마음에서 비롯된 것임에 틀림없습니다.

채산 선생께서는 한 사람의 학자로써 뿐만 아니라 한 사람의 인간으로서 성공적인 삶을 사셨습니다. 그리하여 오늘 이 자리에서 많은 사람들의 축복 속에 강단에서 물러나 보다 넓은 사회로 나가게 되십니다. 사실 채산 선생에게 대학 강단은 너무 좁은 세계였는지도 모릅니다. 채산 선생 앞에 넓게 펼쳐지는 새로운 세계야말로 마지막으로 정열을 쏟아 부을 수 있는 세계일 것입니다. 더욱 건강하시어 아름다운 세계를 펼쳐 보여 주시기를 기원하면서 퇴임을 진심으로 축하합니다. 그리고 채산 선생의 대학시절부터 오늘까지 끝없는 사랑으로 내조하여 주신 사모님께서도 더욱 건강하시어 복된 날들을 보내시길 기원합니다.

(2007)

서울 글쓰기, 지방 글쓰기
- 동곡東谷 오양호 교수의 퇴임을 축하하며 -

옛말에 "사람은 서울로 보내고, 마소는 제주도로 보내라."라는 말이 있지만, 서울이란 참으로 대단한 동네임에 틀림없다. 자그마한 키에 조금은 소심하고 얌전하던 동곡東谷 오양호吳養鎬 교수가 서울에 올라가 터를 잡고 대단한 학문적 성취를 볼 때마다 선망의 대상이기도 하고, 서울 물이 대단하다는 생각을 하기도 한다. 그런 그가 이제 정년퇴임을 한다니 아쉬움이 앞선다. 아무런 연고도 없는 서울 땅에서 얼마나 애써 자리를 잡았겠는가를 생각하면 옛날의 소심하고 얌전했던 동곡의 변화를 보면서 "변해야 산다."는 말을 새삼 되새겨 보게 된다.

평생 글을 읽고, 때로는 글을 쓰면서 가끔 서울 글쓰기와 지방 글쓰기란 것을 생각해 보았다. 좀 더 정확히 말하면 서울 사람이 글 쓰는 방식과 지방 사람의 글쓰기 방식이 제법 뚜렷하게 구별되는 것 같이 생각되었다. 서울 사람의 글쓰기는 새롭고 현란한 이론으로 무장하고 있을 뿐만 아니라 대상을 보는 눈이 정교하여 평생을 지방에서만 살고 있는 나에게 서울 사람의 글쓰기는 찬탄의 대상이 되어왔다. 그에 비하여 지방에 살고 있는 사람들의 글이란 새로운 이론에 조금은 둔감하고 자료의 검증에 보다 집중하는 경향이 있어 참신함보다는 신뢰성을 얻게 되는 것이 일반적이다. 그리하여 서울 사람의 글이 잘 다듬어진 청자 항아리라면, 지방 사람의 글은 흙의 기운을 그대로 간직한 토기와 비견할 수 있을 것 같다.

여기에서 이런 이야기를 하는 것은 실상 동곡의 글쓰기에 대하여 말하고 싶기 때문이다. 일찍이 동곡과 나는 대구에서 함께 헌책방을 섭렵하며 자료를 모으고 자신의 관심 영역을 이야기하고 많은 토론을 하곤 했다. 1974년 나는 최서해에 관한 글을 쓴 후 어느 날 동곡과 커피를 마시며 한국의 작가 가운데 중국 체험을 한 작가나 간도를 무대로 한 문학에서는 일본 유학파의 작품과는 달리 저항적이고, 민족적 정체성을 드러내고 있어 집중적으로 검토할 필요성이 있다고 했다. 그런데 얼마 후 동곡은 「이민문학론」이란 글을 발표하여 나의 가설을 실증적으로 증명해 주었다. 그리고 그는 얼마 후 서울로 올라갔다. 그런데도 그는 철저

하게 서울 사람이 되질 못했다. 물론 그는 서울 사람이 되기 위하여 한동안 비평 현장에서 활발하게 활동하기도 했지만 역시 그는 체질적으로 지방 사람이었는지도 모른다. 그는 우리 문학사에서 소위 암흑기문학이라 하여 공백으로 남아 있던 일제말기 문학을 복원하는데 심혈을 기울였다. 도서관을 뒤지고 유족을 만나고, 간도지역을 답사하여 『한국문학과 간도』를 비롯한 일련의 만주 조선인 문학을 한국문학사의 중심으로 끌어올리는데 집중했다. 이러한 성과는 그가 책상머리에 앉아 이론의 곳간에서 건져 낸 것이 아니라 발로 뛰어 가슴으로 쓴 글이기에 가능했다. 이런 우직함은 지방 사람의 글쓰기라 할 수 있을 것이다. 그러나 복원에 대한 지나친 애정이 때로는 헛길을 맴도는 경우도 있어 요즘 나는 그가 걸어 간 길을 뒤좇으며 그가 쓴 글들 가운데 빈 공간을 메우는 작업을 하고 있는 것이다. 따라서 동곡과 나의 40여 년에 걸친 만남이 지속되는 것은 그가 끝내 서울에 살고 있으면서 서울글쓰기에만 집착하지 않고 우직하게 지방 글쓰기에서 벗어나지 않은 대구 촌사람이기 때문인지도 모른다.

(2007)

일본, 그리고 오오타니大谷교수님

　일본을 생각하면 떠오르는 몇 사람 가운데 그 첫머리에 오오타니 모리시게大谷森繁교수를 꼽을 수 있다. 일찍부터 한국 근대문학의 성립과 그 성격을 명확히 하기 위해서는 '한일문학의 비교연구'가 절실함을 느껴 몇 차례 일본에 건너가 연구할 계획을 세웠으나 여의치 못하여 안타까워하던 차에 마침내 1991년도 연구년을 계기로 일본에 갈 수 있게 되었다. 그리하여 일본의 어느 대학으로 갈 것인가를 망설이다가 일본통인 두산斗山 김택규金宅圭 선생님께 의논 드렸을 때 선생님은 선뜻 오오타니 선생님을 소개해 주셨다. 한 차례 편지와 함께 이력서와 연구계획서를 보내고 전화를 드렸다. 전화를 하기 위하여 서툰 일본어를 메모하여 다이얼을 돌리자 사모님께서 전화를 바꾸어 주셨다. 응당 "모시모시もしもし"하는 일본어의 목소리가 들릴 것으로 짐작하고 바짝 긴장을 하고 있는데 들려오는 저 쪽의 목소리는 저음의 "여보세요."였다. 나는 당황했다. 이 때 나는 어떻게 응대해야 할지 잠시 망설이지 않을 수 없었다. "안녕하십니까?"라고 할 것인가, 아니면 "하지메마시테はじめまして-"라고 해야 할 것인가를 일순 생각했다. 그리고 나는 잡고 있던 메모를 놓아버렸다. 오오타니 선생님과의 만남은 이렇게 시작되었고, 이후 나는 오오타니 선생님과의 대화에서 한 번도 일본어를 사용하지 않았다.

도교東京에는 몇 차례 다녀 본적이 있지만 오사카大阪 방면으로는 처음이라 기대와 두려움을 함께 지닌 채 오사카 공항에 도착했을 때 텐리대학天理大學에 먼저 와있던 서울대학교의 최명옥 교수가 마중을 나와 텐리에 도착했다. 텐리는 온통 회색의 도시였다. 천리교天理敎의 본산으로 조그만 종교 도시라는 사실은 이미 알고 있었지만 모든 건물이 어둡고 길거리를 다니는 사람조차 검은색 하오리羽織(옷 위에 입는 짧은 겉옷)에 흰색으로 <天理敎>라는 글자를 새긴 옷을 입고 있을 뿐만 아니라 아침저녁으로 울어대는 까마귀의 울음은 죽음의 도시를 연상케 했다. 그리하여 온통 도시 전체가 음산한 분위기에 젖어있었다. 거기에다 3월의 날씨치고는 비가 오다가 바람이 불고 도시 종잡을 수 없을 만큼 을씨년스러웠다. 나는 3월이라는 것만 믿고 겨울옷은 한 벌도 가져가지 않았고 얇은 봄옷으로는 그 을씨년스런 계절을 감당할 수 없었다. 거기에다 그 때까지 나의 숙소가 마련되지 않아 오오타니 교수의 주선으로 천리교회의 간부집에 잠시 하숙을 하고 있었는데 냉기로 가득한 다다미 방에서 새우잠을 자야만 했다. 울고 싶었다. 그 때 오오타니 선생의 위로가 없었다면 나의 일본생활은 중도에서 끝나고 말았을지도 모른다. 선생님은 가끔 연구실에 들려 나의 근황을 물어주었고 함께 찻집에서 차를 마시기도 했다.

나지막한 키에 특유의 저음 속에는 인정이 담뿍 담겨 있었고, 한국과 한국인에 대한 그의 폭넓은 이해는 나로 하여금 일본에서의 외로움과 을씨년스러운 봄을 넘길 수 있게 해주었다. 그런가 하면 함께 한국문학에 대하여 이야기하기를 즐겨하였다. 그러면서 자신이 모르거나 의심이 가는 것은 젊은 사람에게 묻기를 서슴치 않았다. 그리하여 나 또한 서슴치 않고 선생님의 대표적 저작인 『조선후기 독자연구』에 대하여 질문을 퍼붓곤 했다. 질문이라고는 했지만 조금은 당돌할 만큼 독자의 범위와 한계에 대하여 공격적인 질문을 했고, 나의 질문에 대하여 깊이 공감하기도 했다. 이런 학문적 토론을 통하여 그는 나를 점점 좋아하게 되었다. 하루는 나라奈良의 집으로 초대하여 주었다. 손수 차를 끓여주면서 "이 차 맛은 특별할거야." 하면서 차 끓이는 솜씨를 자랑하였다. 사실 나는 그 때까지 커피의 종류에 따른 커피 맛을 구별하리 만큼 커피 맛에는 예민했지만 어쩌다 차를 마실 때면 맛도 모르고 마시는 것이 고작이었다. 그러나 그 날 오오타니 선생이 끓여준 차 맛은 지금까지 마신 것 가운데 가장 향기롭고, 구수한 차 맛이었다. 그 날 이후 나도 그 날 마신 차를 구하여 정성을 다하여 끓여도 전혀 그 날의 맛이 나지 않았다. 역시 차 맛은 끓이는 이의 정성이라는 것을 생각하면 선생님의 고마운 마음을 오래 기억하지 않을 수 없다. 그런데 어느 날 내게 부탁이 있다고 했다. 오래 동안 선생님께 신세만 지고 있던 나로서는 빚을 갚을 수 있는 좋은 기회라고 생각하고 무엇이냐고 여쭈었더니 "이 학교에서 원로 교수라 한국에서 오는 교수들이 젊은 교수에게는 인삼차를 주면서 내게는 인삼을 주는데, 사실 난 인삼차가 필요하거든." 그래서 내가 다시 묻기를 "선생님은 인삼차를 즐기시지 않던데요."라고 반문을 했더니, 선생님께서 왈 "내 장인어른이 아직 계시는데 그 양반이 인삼차를 좋아하면서도 아까워서 마시질 못해요. 그래서 내가 '인삼차는 언제나 구해 드릴 테니 마음대로 드십시오.' 라고 했는데, 요즘 그 약속을 지키지 못하고 있어." 그래서 나는 즉석에서 선생님의 어법대로 "인삼차는 언제든지 보내 드릴 테니 마음대로 드시게 하십시오."라고 약속을 했다. 귀국한 이 후 수년간 선생님께 인삼차를 보내기 시작했다. 그 후 선생님께서 천리대학에서 정년퇴임을 하자 히로시마여자대학에서 한국학 강좌를 개설하고 선생님을 특별교수로 초빙하여 히로시마에 계시게 되었다. 그 해 여름 일본에 가게 되었음을 알렸더니 꼭 히로시마에 다녀갈 것을 종용하여 그 곳에 들렀더니 선생님께서는 호텔을 미리 정해 놓고 기다리고 계셨다. 히로시마에서 선생님과 함께 보낸 며칠은 오래 헤어져 있던 부자父子의 만남처럼 은근한 것이었다. 그리고 다시 몇 년이 지난 2003년 여름 오사카에 들릴 일이 있어 선생님을 다시 나라奈良에서 만나게 되었는데 만나자마자 선생님께서 "이젠 인삼차 보내지 않아도 돼"라고 했다. 의아하게 생각하고 선생님을 바라보자 "장인어른이 지난 해 돌아가셨어."라고 하면서 쓸쓸한 웃음을 보였다. 그 말을 듣는 순간 이제 번거로웠던 짐을 벗어났다는 생각은 일순, 이제부터 내가 선생님을 위해 할 수 있는 일이란 아무 것도 없다는 생각을 하면서 선생님께 받은 사랑을 평생 짐으로 짊어지고 가야한다는 더 큰 부담만이 나의 가슴을 누르고 있을 뿐이다. 그러나 내게 있어서 일본을 생각하는 일은 오오타니大谷선생님을 생각하는 일이고, 오오타니 선생님하면 일본을 생각하게 되는 것이다.

(1998)

일본인의 친절
- 나카무라中村 여사와의 만남 -

일본을 한마디로 이야기한다면 나는 정원의 나라라고 할 것이다. 그리고 거기에 또 다른 하나를 들라고 하면 일본인의 친절을 들 수 있을 것이다.

내가 일본에서 대학에 관계하지 않는 사람과의 첫 대면이 나카무라 수에코中村末子 여사였다. 일본의 봄은 문자 그대로 '춘사불사춘春似不似春'이라 할 만 했다. 춘삼월 호시절이라는 3월이건만 아침저녁으로 차가운 바람이 불고 때도 없이 내리는 비는 언제나 나를 슬프게 했다. 거기에다 겨울이 지났다고 겨울옷이라곤 한 벌도 준비 없이 떠난 일본 땅에서 밖에서 추위에 움츠리고 지내다가 집으로 돌아와도 싸늘한 다다미방이니 글자 그대로 뼛골이 시려서 견딜 수 없는 날들이었다.

그런 어느 날 내 연구실 옆방의 조선학과 오카야마岡山

선생이 오사카에 나가자는 것이었다. 무슨 일이냐고 물은 즉 자신이 강의하고 있는 한국어강좌에 함께 가자는 것이었다. 그런데 그 날은 날씨가 을씨년스러워 철에도 맞지 않는 검은 색 봄점퍼를 입고 학교에 나왔었는데 그런 모습으로 일본 사람들을 만난다는 것은 예의가 아닌 듯 하여 사양을 했더니 외국에서의 생활이 다 그렇지 않느냐고 위로 겸 용기를 주어 초라한 모습으로 오사카엘 나갔다. 거기에서 나는 한국에서 온 국문과 교수라는 소개를 받고 한국과 한국어에 관심을 가지고 공부하는 일본인의 정성에 대하여 치하의 인사와 함께 나 또한 일본어를 열심히 공부할 것을 약속했다. 강의가 끝나고 나를 위한 조촐한 환영식이 있었다. 환영식이라야 생맥주 한 잔을 앞에 놓고 일상사에 대하여 이야기하는 것이었지만. 그리고 그들의 친절에 그냥 있을 수만은 없어 2차로 내가 간단하게 술 한 잔 사겠다고 제안했으나 모두들 선약이 있다며 가버리고 겨우 두 사람만 남았다. 그런데 두 사람은 공교롭게도 여자 분이었다. 조금은 분위기가 있는 술집으로 자리를 옮겼으나 나의 일본어 실력은 그녀들과 자유롭게 이야기 할 수 있는 것은 아니었다. 남들이 이야기하는 것을 멍청히 듣거나, 아니면 일본어와 한국어를, 때로는 필담筆談으로 겨우 이야기를 이어 갈 수밖에 없었다. 나는 옆자리의 나카무라中村여사에게 나는 남들과 이야기하기를 좋아하지만 일본어를 제대로 할 수 없어 바보처럼 있는 것이라고 말했더니 일본에 온지 한 달도 안 되어 그만큼 한다면 대단한 것이라고 했다. 그래서 당신은 한국어를 조금 알고 있으니까 이만큼이라도 대화가 통하는 것이라고 하자 웨이터를 불러 이야기하게 하여 자신감을 갖게 해주었다. 그리고 약간의 술을 마신 탓으로 서로들 기분이 좋아지면서 그녀는 나의 일본어를 책임지겠다고 했고, 나 또한 당신의 한국어를 책임지겠다고 그녀의 서투른 한국어와 나의 서투른 일본어의 합작으로 즐거운 시간을 보낼 수 있었다. 그리고 자리를 끝내고 계산대에 갔더니 이미 계산을 끝나 있었다. 뒤를 돌아보니 "한국에서는 대단한 교수이지만 여기는 외국이니까 제가 계산했습니다." 라고 말하는 것은 나카무라였다. 나는 먼저 나의 초라한 옷차림을 생각했고, 다음으로는 일본인의 친절을 고맙게 받아들임으로 나의 자존심에 상처를 입히지 않기로 했다. 나는 고맙다는 말 이외에 다른 할 말이 없었다. 밖에 나오니 마침 꽃집이 있었다. 꽃집에서 갓피어 화사한 모습을 하고 있는 이름도 모르는 화분을 두 개 사서 내 작은 마음을 표시하는 것으로 그 날의 만남은 끝났다. 그런데 함께 한 오카야마岡山 선생은 술이 취하여 거리를 배회하는 바람에 텐리행天理行 막차를 놓치고 말았다. 그래서 난생 처음으로 오사카의 이름도 모르는 목욕탕에서 밤을 보내게 되는 경험을 하기도 했다.

그 날은 그렇게 헤어졌다. 그러나 아무런 연락처도 주고받지 못한 채 헤어졌으면서도 다음날부터 나는 그녀의 연락을 기다리고 있었다. 그녀의 친절이 고마웠고, 서툰 일본어로나마 이야기할 수 있어서 좋았다. 그러나 그녀로부터 소식은 없었다. 거기다가 오카야마岡山 선생은 두 번 다시 오사카의 한국어 강좌에 가자고 말하지 않았다. 나의 봄은 다시 회색 빛 하늘과 까마귀의 울음소리에 묻혀가고 있었다. 처음 만나고 거의 한 달이 다 갈 무렵 내 연구실로 전화가 왔다. '모시모시'라는 일본어가 그렇게 반가운 말임을 온몸으로 느꼈다. 나카무라中村 여사의 전화였다. 친구의 부탁으로 한국에 관하여 의논할 것이 있다며 친구와 함께 텐리天理에 가도 되겠느냐고. 그리하여 친구를 대동하고 온 나카무라씨를 제법 의젓하게 정장차림으로 만날 수 있었다.

이후 우리는 자주 전화를 통하여 안부를 묻곤 했다. 그런데 전화를 거는 쪽은 저쪽이었으나 받는 나는 항상 무엇에 쫓기는 사람처럼 허둥대기 일쑤였다. 그 때마다 저쪽에서는 의아해 했다. 누구로부터 전화가 오기로 되어 있느냐, 내가 전화하는 것이 싫으냐는 둥. 그 때마다 나는 나의 서툰 일본어와 '용건만 간단히' 라는 글귀를 전화기에 붙여두었던 지난날의 경험 탓이라고 해명하는 곤욕을 치러야 했다. 그러면 저쪽에서는 전화야말로 만나는 것에 비하여 시간은 물론 돈을 절약할 수 있는 최선의 방법이라고 말하곤 했다. 그리고 때때로 만나 오사카, 교오도, 고베의 이 곳 저 곳을 안내하여 주었다. 그리고 나는 그녀를 만날 때마다 일본소설을 갖고 다녔다. 소설을 읽다가 이해가 되지 않는 부분이 있으면 밑줄을 그어두었다가 묻곤 했었다.(그녀는 일본문학을 전공했다.) 그 가운데 하나가 도오손島崎藤村의 소설 『노양老孃』을 함께 읽은 일이다. 이 소설 『노양』은 현진건의 대표작 「B사감과 러브・레타」의 원천이라 할 수 있는 작품인데 그 해 일본에서 「현진건 소설의 원천 연구-시마자키 도오손의 <노양>과 관련하여-」라는 제목의 논문을 발표할 수 있었던 것은 그녀의 도움으로 이루어진 것이었다. 이후 우리는 정다운 오뉘처럼 오사카를 중심으로 교토의 많은 사찰과 정원, 그리고 고베의 여러 곳을 함께 다녔다. 그러나 남녀 사이에 이성적 사랑의 유혹이 없을 수는 없었다. 그러나 불행(?)하게도 우리들 우정이 사랑으로 바뀔 무렵 처음의 예정과는 달리 2학기 강의를 해야 한다는 학교의 지시에 의하여 귀국하기에 이르렀다. 귀국하던 날 공항까지 나와서 잘 가라는 말을 채 끝맺지도 못하고 눈물을 보이지 않기 위하여 뒤돌아서던 그녀의 모습을 나는 아직도 잊지 못하고 있다. 이 후 우리는 엉터리 편지(?)를 수없이 보내곤 했다. 나는 엉터리 일본어로, 그녀는 서툰 한국어로 편지를 쓰고 답장은 서로 잘못된 부분을 고쳐주는 것이었다. 수년 후 다시 일본에서 그녀를 만났을 때 그녀는 아주 의젓하게 한국어를 하는데 비하여 여전히 엉터리 일본어로 쩔쩔매고 있는 나 자신을 부끄러워해야만 했다. 지금도 많은 사람들의 일본인의 친절에 대하여 이야기할 때면 나카무라中村씨의 고운 마음을 되새겨 보곤 한다.

(1995)

제5부
가족, 함께 가는 길

추상抽象

어머니의 초상

국화 옆에서

나의 결혼이야기

자호지변自號之辨

아름다운 일본 풍정風情

아름답고 멋진 출발

꿈을 꾸는 사람은 아름답다.

추상抽象
– 영원히 부재不在하는 나의 아버지 –

 내게 아버지는 처음부터 부재不在였다. 나는 아버지라는 말을 불러 본 기억을 갖고 있지 않으니 내게 아버지란 말은 처음부터 추상 명사에 지나지 않았다. 아버지는 내 나이 셋, 그러니까 당신은 서른여섯 해를 이승에 계셨다. 그러나 내가 동짓달에 태어나고 아버지는 시월에 돌아가셨으니 나와 함께 한 이승에서의 세월은 채 3년이 되지 못한다. 그러고 보니 어찌 아버지란 말을 제대로 불러볼 수 있었겠는가. 일찍이 아들 하나를 잃는 슬픔을 경험하고, 이어서 딸 다섯을 낳고 마침내 얻은 아들이니 어찌 기쁘지 않았겠는가. 하지만 내가 걸음마를 할 수 있게 되었을 때 아버지는 나를 피해야만 했다. 귀한 아들 번쩍 안고 마음껏 입맞춤이라도 한 번 하고 싶었으랴만 당시 면사무소에 다니시던 아버지는 이미 폐병을 앓는 몸이었으니 나를 피해 뒤안으로 돌아서야 했던 그 마음이 어떠했을까. 평소 너무나 과묵하여 호불호好不好를 밖으로 드러내지 않았다는 분이지만 자식을, 그것도 딸 다섯 뒤에 얻은 외동아들을 마음껏 안아도 보지도 못하는 당신의 비애조차 감출 수 있었는지 나는 알지 못한다. 내가 유일하게 아버지와 관련하여 기억하는 것은 아버지가 아니라 병석에 누워 계시던 사랑방의 이미지뿐이다. 집의 규모에 비하여 유난히 높다란 축대 위에 서쪽 끝에 위치한 사랑방, 서창을 열면 커다란 배나무가 있고, 해질 녘 창을 열어놓은 채 흰 이불을 덮고 누워 계시던 모습은 마치 성에 낀 창을 통하여 바라보던 먼 풍경처럼 아득하게 떠오를 뿐이다.

  이 후 아버지가 돌아가시고 난 뒤, 내게 아버지란 말은 소리 내어 부르는 이름이 아니라 글로써 읽는 문자이거나 아니면 허공을 떠도는 관념어에 지나지 않았고, 내 의식에서 아버지와 함께 아버지란 말조차 사라지고 말았다.

  중학교 때의 일이었다. 그 때만 하더라도 시골에서는 축음기가 몹시 귀했다. 늦은 가을, 학교 수업을 마치고 축음기가 있던 친구의 집에 들려 <카츄사>니 <과거를 묻지 마세요>와 같은 당시 유행하던 노래를 듣다보니 날이 어두워지고 말았다. 그 때 나는 시오리(6km)를 걸어서 통학하던 시절이라 은근히 걱정이 되어 일어서려니까 친구가 자기 집에서 자고 가라고 붙잡았다. 날은 어둡고 갈 길은 멀고, 친구의 권유도 있고 하여 다시 가방을 놓고 자리에 앉았다. 바로 그 때였다. 친구의 아버지가 퇴근하여 돌아오고 친구가 "아버지, 지금 오십니까?" 라고 인사하는 것을 보자 갑자기 눈시울이 뜨거워지면서 걷잡을 수 없는 슬픔을 주체할 길이 없었다. 잊어버렸다고 생각했던 아버지란 말과 그 말이 주는 정겨움과 푸근함을 동시에 느끼면서 내 평생 불러보지 못한 아버지란 말을 그렇게 자연스럽게 부르는 친구가 부럽기도 하고 한편으로 밉기도 하여 나는 자리를 박차고 가방을 들고 친구의 집을 나섰다. 내가 갑자기 왜 집으로 가려는지 친구는 영문을 몰라 멍청하니 그냥 바라보고만 있을 뿐이었다. 나는 상점에서 성냥 한 통을 사서 주머니에 넣고 밤이면 귀신이 나온다는 주치제고개를 넘어 집으로 돌아왔다.

그런데 그 날 이후에도 친구 집에 들르면 귀가하는 아버지께 인사하는 모습을 보고 듣고 했지만 나는 뛰쳐나오지도 않았고, 가슴 답답하도록 부럽지도 슬프지도 않았다. 그것은 의도적으로 아버지를 의식하지 않으려는 내 차가운 마음가짐 때문이었으리라. 그리고 참으로 오랫동안 아버지를 잊고 살았다. 어머니는 힘든 일이 있을 때면 가끔 아버지를 원망하곤 했지만 나는 정말 아버지를 까마득하게 잊고 살았다.

　일 년에 한 두 차례 마을 앞산에 모셔진 묘소를 찾긴 하면서도 묘소 앞에서 읍揖하고 서도 마음은 담담하기만 했다. 아버지와 나를 연결할 수 있는 어떤 기억도 없었기 때문인 것 같았다. 그냥 담담하게 성묘를 하고 돌아오는 것이 고작이었다. 그런데 어느 해 집을 짓는다고 시골에 있는 종제從弟에게 대신 성묘하도록 부탁하고 다음 해 성묘하러 갔더니 벌초하는 이가 봉분 위에 벌초를 하다가 한웅큼 남겨 둔 것이 있어 이상하게 생각하면서 과도果刀로 벌초를 하다가 땅벌에게 쏘이는 봉변을 당했다. 나는 내 불효를 생각했고, 무심한 나의 마음을 한없이 자책했다.

　그런 일이 있고 난 뒤 나는 아버지를 다시 그리워하기 시작했다. 특히 어머니가 돌아가시고 난 뒤에는 더욱 그랬다. 어머니는 생전에 시골 선산의 아버지 곁으로 돌아가시지 않으려고 했다. 나 또한 가까운 곳에 모시면 자주 찾을 수 있으려니 하고 설득하려고도 않았다. 그래서 어머니를 근교의 공원묘지에 모시고 나니 처음 생각과는 달리 마음이 편치 않았다. 젊어서 헤어져 평생을 홀로 사신 분들. 저승에서도 멀리 헤어져 있어야 한다는 생각을 하면 자식 된 도리가 아닌 것만 같았다. 그래서 마침내 누님들과 의논을 하여 고향의 양지바른 밭을 구해 양위兩位를 합폄合窆하기로 했다. 이런 결정을 하자 비로소 아버지의 실체를 확인할 수 있다는 생각이 나를 들뜨게 했다. 자식이 되어 유골이나마 뵐 수 있다는 것은 내 오랜 한을 푸는 일일 수 있다고 믿었기 때문이었다. 그러나 이 마지막 소원조차 이루어지지 않았다. 50년이란 짧지 않은 세월은 선고先考의 흔적마저 말끔히 거두어 가고 없었다. 선비先妣 옆에 선고 묘소에서 가져온 흙으로 만든 유해를 모시면서 평생토록 한 번도 불러보지 못한 아버지를 부르면서 아버지를 위해 남겨두었던 마지막 호곡號哭을 했다. 나의 애달픈 호곡은 어쩌면 선고先考를 위한 것이 아니었는지도 모른다. 그것은 내 평생 한으로 남아있던 아버지의 실존을 확인하지 못한 안타까움이 봇물처럼 쏟아진 것이었는지 모른다. 영원히 나의 아버지는 내게 추상이 되고 말았다.

　선고께서 내게 남기신 것은 마을에서 명필로 소문난 당신이 직접 쓰신 단아한 필체의 천자문千字文과 가첩家牒이 있을 뿐이다. 생각하면 이 두 가지는 모두 나를 위해 마련해 둔 것만 같다. 천자문은 당신이 나에게 직접 글을 깨우쳐 주려는 사랑의 징표라면, 가첩은 행여 아버지 없는 자식이 되어 떠돌아다니더라도 뿌리를 지키게 하려는 배려가 아니었을까 하는 생각을 해보는 것이다. 사진은 여러 장 있었던 모양인데 친척들이 모두 가져가고 내겐 하나도 없으니 자식이 나이 들면 부모를 닮는다는 말을 생각하며 요즘 거울 앞에서 내 얼굴을 보며 젊어서 돌아가신 선고의 모습과 얼마나 닮았을까를 생각하며 씁쓸하게 웃어본다.

(2000)

어머니의 초상

<1>

어머니, 어머니라는 말은 사람마다 뉘앙스가 다르겠지만 나는 이 말을 떠올리면 눈물이 난다. 우리 말 가운데 가장 감상적感傷的인 말이 '어머니'라고 나는 생각한다. 아니 감상적이라기보다 내게는 슬픔을 넘어 아픔으로 다가온다. 따라서 지금까지 한 번도 어머니를 잊어버린 적이 없으면서도 구체적으로 생각해 본 적이 없다. 대부분의 생각은 가슴에 가득하면 저절로 흘러넘치게 마련이지만 어머니에 대한 생각이 가슴에 가득하면 가득할수록 아득해지는 것은 무슨 까닭인지 모른다. 그래서 지금껏 내 일상에 대하여 많은 글을 쓰면서도 어머니에 대한 이야기는 글로 쓸 수가 없었다. 몇 차례 시도해보았으나 전혀 써지지 않았다. 내 마음이 아직 부족하기 때문인가.

옛 어른들은 곧잘 "내가 살아 온 이야기를 책으로 쓰면 수십 권이 넘는다."고 한다. 이 말은 어머니가 살아계실 때 즐겨 입버릇처럼 하던 말씀이기도 하거늘 내가 어머니에 관한 이야기를 쓰지 못하는 것은 수십 권이 넘을 이야기를 몇 줄의 글로 쓰려고 했으니 어찌 가당한 일이겠는가? 그러나 생각을 가다듬고 너희들에게 할머니의 생애 가운데 가장 작은 것들을 골라 여기에 담아두고 훗날 어렸을 때 할머니의 기억에 덧붙여 할머니의 또 다른 면모를 보태어 추모할 수 있었으면 한다.

<ll>

너희들은 할머니와 함께 한 시간이 길지 않았다. 너희 할머니는 열여덟의 나이에 할머니보다 두 살 아래인 할아버지에게 시집을 오셨다. 시집오기 전 참봉댁 손녀였던 할머니는 살림이 그런대로 넉넉하여 별다른 고생을 하지 않았고, 우리 집 또한 그리 어렵지는 않았다. 너희 할아버지는 면사무소에 근무하셨고, 일꾼을 둘이나 두고 농사도 지었다. 그러나 할머니의 어려움은 젊은 나이에 할아버지가 돌아가시고부터 시작되었다. 그 때 할아버지의 향년享年이 36세이셨고, 할머니는 38세이셨다. 그 때 지금 너희들과 함께 지내는 큰 고모님은 이미 결혼을 하셨지만, 어린 다섯

남매를 남겨놓고 할아버지는 세상을 뜨신 것이다. 그 때 아버지의 나이는 겨우 세 살이었다. 할머니는 5남매가 누워 자는 까만 머리를 보면서 밤새워 울었다고 하셨다. 저 어린 것들을 어떻게 할 것인가 하고. 일꾼도 하나를 내 보내고 농사일이라곤 해 본 적이 없었던 할머니는 밭에 나가 일을 하셨다. 낮에는 밭에서 김을 매고, 저녁이면 길쌈을 하셨다. 그래서 논도 2백 평을 사기도 하셨다. 그러나 몇 년 뒤 너희들에게는 종조부(아버지의 숙부)되시는 분이 급작스런 병환으로 그 논을 팔아 병원비에 보탰으나 보람도 없이 돌아가시고 말았단다. 그 때 이후 흉년이 들고 살림이 어려워져 일꾼마저 내보내고 할머니와 너희 고모님들이 농사를 지었다. 그러나 살림은 점점 어려워졌다. 할머니의 고생은 그 후로 계속되었다. 너희 할머니의 등에는 언제나 땀에 찌든 베적삼이었고, 피부는 햇볕에 타서 검다 못하여 벗겨져 있었다. 할머니의 고생을 말로서는 다 할 수 없다. 그러나 내가 너희들에게 들려주고자 하는 것은 할머니의 고생담이 아니다. 할머니는 정말 존경할 만한 분이셨음을 너희들에게 알려주려는데 있다.

  할머니는 오늘의 편안함을 거부하고 먼 내일을 보는 지혜를 가지셨다. 내가 초등학교를 졸업하고 중학교에 보내려한다는 이야기를 들은 집안 어른들이 만류를 하였다. 그들은 지금의 땅을 가지고 농사만 열심히 지으면 먹는 걱정은 하지 않을 수 있지 않겠느냐. 공연히 건달을 만들지 말고 처음부터 농사를 짓게 하라는 것이었다. 그러나 할머니는 그것을 거부했다. 중학교에 들어가면 어떻게든 해결되지 않겠느냐는 생각이셨고, 지금보다 더 뼈 빠지게 일하면 중학교 졸업은 시키지 않겠느냐는 생각이었으리라. 이런 일은 그 다음 고등학교에 진학하게 될 때도 되풀이되었음은 물론이다. 생각해 보아라. 내가 초등학교를 마치고 지게를 지고 농사일을 했다면 할머니의 고생이 조금은 줄어들었을 것이고, 중학교를 졸업하고 농사일을 했다면 또 그만큼 할머니의 고생이 가벼워졌을 게 아니냐. 물론 나는 중학교에 입학하면서부터 토요일과 일요일에는 지게를 지고 산에 가서 나무를 했고, 고등학교 시절에는 토요일과 일요일은 말할 것도 없고 때맞춰 농사를 짓기 위해 결석을 하기 예사였다. 그리고 그런 형편에 언감생심 대학까지 보내겠다고 했으니 집안사람들이 할머니를 이상한 사람으로 보지 않았겠느냐. 이처럼 할머니는 당신의 고생을 조금 더 하더라도 자식의 앞길을 열어주려고 하셨다. 그 결과 내가 지게를 지지 않고 지금까지 편안하게 살 수 있었으니, 이 얼마나 장한 일이냐.

또한 할머니는 남에게 동정 받는 것과 남에게 지는 것을 몹시 싫어하셨다. 심지어 일하는 것까지도. 한 번도 가난하다는 것을 남에게 내색하지 않으셨고, 심지어 윷놀이를 하더라도 지고 온 날은 몹시 서운해 하셨다. 윷놀이 이야기가 나왔으니 시골에서는 윷노는 솜씨를 보면 그 사람의 견문을 알 수 있었다. 그냥 아무렇게나 던지는 것은 그만큼 윷을 놀아보지 않은 것을 말해주는 것이며, 윷을 잘 논다는 것은 견문 있게 자랐음을 반증하는 것이었다. 우리 마을에서 몇몇 사람이 언제나 칭찬을 받았는데 할머니도 그 가운데 한 분이셨다. 당신이 남에게 지는 것을 싫어하는 성품은 자식들에게도 마찬가지였다. 어디에 놀러가는 것조차 빠지는 것을 싫어했고, 땟거리가 없어 걱정을 하면서도 모둠을 할 때는 선뜻 쌀을 내놓으셨다. 내가 공부할 수 있었던 것도 따지고 보면 할머니의 남에게 지기 싫어하는 성품 덕택인지도 모르겠다. 지기 싫어한다는 것은 마음만으로 되는 것이 아니고 그만큼 노력한다는 것을 전제로 할 때 빛나는 것이다. 아무런 능력도, 노력도 없이 남에게 지는 것을 싫어한다면 그것은 우직함이고 터무니없는 자만自慢이 되어 남의 웃음거리가 되기 십상이다. 그런 점에서 할머니는 낮이나 밤이나 일하셨다. 그리고 어쩌다 시간이라도 있으면 가사를 읊고, 읽으셨다. 할머니가 가장 즐겨 읊으신 것이『추풍감별곡秋風感別曲』이었다.『추풍감별곡』은 처음부터 마지막까지 완전히 외고 있어 어떤 모임에 가서도 그것을 읊으셨고, 대구에 와서 계실 때도 노인정에 가서 이것을 외우면 모두들 교수 모친답다고 칭찬을 했다고 한다.

  할머니는 남에게 지는 것을 싫어하는 한편으로 자식들을 강하게 키우려 하셨다. 우리 집 누구도 일하지 않은 사람은 없었다. 물론 형편이 어려워 일을 하지 않을 수도 없었지만 그보다는 하는 일없이 그냥 놀고 있는 것을 싫어하셨다. 무언가 하지 않으면 게을러진다고 걱정하셨다. 내가 중학교 때부터 매주 토요일과 일요일 나무를 하지 않으면 안 되었던 것도 외동아들이라고 남들과 다르게 커서는 안 된다는 생각이셨다. 물론 어린 아들을 산에 보내놓고 어찌 걱정하지 않으셨겠나. 그러나 그보다는 나약하지 않고, 스스로 자신 앞에 놓인 역경을 이겨낼 수 있는 힘을 어릴 적부터 기르는 것이 중요함을 내게 가르쳐주려는 의도 또한 없지 않았다. 그런가 하면 내 앞에서 한 번도 나에게 고생한다고 말씀하신 적이 없고 어쩌다 내가 힘들다고 하면 세상사는 것은 지게지고 나무하는 것보다 몇 갑절 더 힘들 것이라고도 했다. 그래서 내가 대학을 다니면서도, 그 이후 여러 차례 어려움을 당해서도 충분히 극복할 수 있었던 것은 어려서 할머니로부터 강한 사람이 되어야 한다는 가르침에서 비롯된 것이라 생각했다.

그리고 할머니는 내게 꿈과 야망을 가질 것을 권장하셨다. 가만히 생각해 보아라. 시골의 현실이란 가난이고, 힘든 노동에서 벗어 날 길은 없었다. 그 곳에서 벗어날 수 있는 방법이란 가진 것 없고, 누구 하나 돌보아 줄 사람이 없는 경우 스스로 모든 문제를 해결하지 않으면 안 된다. 그 방법은 야망을 갖고 그것을 실현할 수 있는 바탕을 마련하는 일이었다. 어린 아들을 앞에 앉혀 놓고 입버릇처럼 말씀하셨다. 이룰 수 없는 허황된 꿈을 갖지 말고 작으나 이룰 수 있는 꿈을 키우라고. 그래서 나는 일찍부터 선생님이 되고자 했다. 그리고 그 꿈은 자라면서 조금씩 커지긴 했지만 거기에서 완전히 다른 것으로 바꾸지 않았던 것도 어쩌면 어머니의 가르침이라고 생각한다. 그런가 하면 다른 한 편으로는 자식에 대한 기대가 컸던 만큼, 자정慈情 또한 지극하셨다. 변변히 먹을 것이 없으셨음에도 밤늦도록 공부하고 있으면 언제나 간식을 -간식이라야 대추, 곶감, 콩볶음 같은 것이었지만- 주면서 공부하는 아들의 모습보기를 즐기셨다. 그리고 어느 여름 날 장날에 장보러 가셨다가 처음으로 아이스케키(얼음과자)를 보고 신기하여 그것을 두 개 사 갖고 더운 여름 십리를 걸어 오셔서 내게 신기한 것이라며 내 놓으셨다. 얼음은 다 녹고 막대 두 개 만을 보는 순간 할머니의 놀라움과 서운해 하시던 모습은 지금도 잊혀지

질 않는다. 이를 두고 할머니의 어리석음을 탓할 수도 있겠지만, 처음 보는 얼음과자를 아들에게 먹여주고 싶다는 일념—念은 인간의 상식을 벗어나는 단순함으로 나타나게 했던 것이다.

    내가 시골에서 고등학교를 마치고 1년을 쉬다가 대학에 진학을 하게 되었을 때 할머니는 무척 기뻐하셨다. 그리고 내게 5천원이란 거금을 주셨다. 그것이 지금 돈으로 환산하면 정확히 얼마쯤인지는 모르겠지만 시내 버스요금이 3원하던 시절이니 그 액수를 짐작할 수 있을 것이다. 이 돈이 내가 할머니로부터 받은 마지막 돈이었지만 그 돈을 함부로 쓸 수가 없었다. 그 돈은 오랫동안 내 책갈피에 묻어두고 정말 비상금으로만 썼다. 그리고 내가 대학을 졸업하고 스물넷에 고등학교에 취직하고 첫 월급을 타서 빨간 내의와 함께 얼마를 보내드렸다. 긴 편지를 보내셨다. 그렇게 힘들었던 시절은 모두 잊어버리고 고맙다는 말씀만 하셨다. 그 해 가을이 바로 할머니 회갑이 되는 해였다. 할머니께서 고생하신 것을 생각하면 어찌 할머니 회갑연을 소홀히 할 수 있겠니. 취직한 첫 달부터 할머니 회갑연을 위해 적금을 들었고, 고모님들의 도움으로 회갑연을 했다. 그 때 할머니는 울었는지, 웃었는지는 기억이 없지만, 내 평생 처음으로 할머니를 위해 돈을 써보았다.

몇 년 후 할머니도 대구로 나오셨고, 그 때 시골의 세업世業으로 지니고 있던 전답을 모두 팔아 오셨다. 집을 살만큼의 돈은 되지 않아 함께 근무하던 동료 선생에게 빌려주고 한 달 뒤에 그 돈을 떼이고 말았다. 약삭빠른 사람은 월급을 비롯하여 퇴직금까지 압류했으나 늦게 알게 된 나는 방법이 없었다. 이런 사실을 알게 된 할머니는 그 때도, 그 이후에도 아무 말씀이 없었다. 무어라고 말씀하실 수 있었겠는가. 그 땅은 할머니의 피와 땀으로 지켜 낸 땅이었고, 우리 육남매의 생명줄이었던 것이 아니었던가. 그런 땅을 내가 일시에 날려버렸으니 이것이야말로 내 생애 가장 불효를 저지른 일로 기억하거니와 내 어리석음이 하늘에 닿았으니 지금도 이것을 생각하면 할머니에 대한 죄스러움에 몸 둘 바를 모른다.

  이후 집도 마련하고 나는 대학교수가 되었고, 너희들도 태어나 할머니는 더 없이 행복해 하셨다. 그러나 그 행복이 의식주의 편안함을 넘어 마음까지 편안했는지는 알 수가 없다. 할머니는 자꾸만 옛날 어려웠던 시절을 반추하셨다. 그런가 하면 어린 너희들이 자라는 것을 보며 부모란 것이 저렇게 하는 것이고, 어린 것은 저렇게 먹고 자라야 하는 것인데 하시면서 형편이 어려워 자식들을 제대로 먹이고 입히지 못한 것을 자책하셨고, 이만큼 자란 아들의 모습을 보지 못하고 일찍 돌아가신 할아버지를 생각하며 못내 섭섭함을 애써 감추지 않으셨다. 그러고 보면 너희들이 별다른 어려움 없이 자랄 수 있었던 것은 아버지를 잘 두었기 때문이 아니라 훌륭한 할머니가 계셨기 때문이라는 것을 잊지 말아라. 그리고 10여년 뒤 1986년 꽃이 피기 시작하는 봄(음력 2월 14일)에 할머니는 돌아가셨다. 향년 79세이셨다.

할머니의 일생은 가난과 질곡 속에서의 삶이었으나 결코 실패한 삶이 아니었고, 꿈과 희망을 잃지 않고 강인한 정신 속에서 만난萬難을 이겨내고 우뚝 선 한 그루 느티나무로 기억할 수 있었으면 한다.

< III >

어머니. 어머니 돌아가신지 다시 10여년, 어머니의 자리는 영원히 메워지지 않는 빈자리로만 남아있고, 아련한 그리움은 더욱 짙어만 진다. 어머님이 즐겨 읊으시던 『추풍감별곡』의 애절한 사연이 새삼스럽다. 옛날 당신께서 읊으시던 『추풍감별곡』이 아버님에 대한 그리움과 한恨의 표현이었다면 지금 내가 읽고 있는 『추풍감별곡』은 겨우 자리 잡고 아들 구실, 사람 구실을 할 수 있게 되자 홀연히 떠나버린 어머님을 그리워하는 애사哀詞가 될 줄을 몰랐다.

어디서 한 줄기 바람이 불어온다. 내 이 마음을 알아 멀리서 어머님이 오신건가. 가만히 소리 내어 어머님이 즐겨 읊으시던 『추풍감별곡』 한 구절 읽어 본다.

  홀연히 부는 바람 화총花叢을 요동하니 웅봉자접雄蜂雌蝶 어이하여 애연히 흩단말가. 진장秦帳에 감춘 호구狐裘 도적할 길 바이없고, 금롱金籠에 잠긴 앵무 다시 희롱 어려워라. 척동방천리尺東方千里되어 바라보기 아득하다. 은하 작교鵲橋 끊쳤으니 건너갈 길 묘연하다. 은정恩情이 끊쳤거든 차라리 잊히거나 아리따운 자태거동 이목이 매양 있어 못 보아 병이 되고 못 잊어 원수로다. 천추만한千秋萬恨 가득한데 끝끝이 느꺼워라. 하물며 이는 추풍 심회를 부쳐내니 눈앞에 온갖 것이 전혀 다 시름이라.

－『추풍감별곡』 중에서.
(1999, 선비先妣 기일忌日에)

국화 옆에서
- 누님의 초상 -

 지난 주말 졸업생 제자가 집으로 잘 가꾼 국화 화분 하나를 가져왔다. 꽃은 막 피어나고 있었고 집안은 국화 향기로 가득했다. 역시 가을은 국화의 계절인가 보다. 국화를 바라보면 나도 모르게 미당未堂 서정주徐廷柱의「국화 옆에서」가 저절로 읊조려지는 것은 내 오랜 버릇이기도 하지만 거실에 놓인 갓 피어나는 국화를 보며 시의 한 구절을 흥얼거렸다.
 우리나라 사람들이 즐겨 애송하는 시가 무엇일까? 그것은 물론 사람마다 다르겠지만 아마도 서정주의「국화 옆에서」가 그 하나로 꼽힐 것은 분명하다. 특히 지금처럼 가을이 되면 누구나 깊은 사념에 젖어들고, 중년을 넘긴 이들은 지난 세월을 반추하며 자신의 삶을 뒤돌아보게 된다. 특히 우리처럼 일제말기의 혹독한 시절을 경험했고, 한국전쟁의 처절한 전쟁을 경험하면서 헐벗고 굶주린 지난 시절을 살았던 사람들은 이제 조금은 안정된 일상으로 돌아와 TV 연속극을 보면서 지난 날 삶의 역정을 돌아 볼 여유를 갖기에 이르렀다. 이럴 때 서정주의 「국화 옆에서」를 가만히 읊조리면 지난 세월은 추억처럼 자리하고 오늘이 결코 우연이 아니라 지난 날 인고의 세월을 건너 비로소 도달한 자리임을 깨닫게 된다. 그리고 젊은 날의 고통과 고뇌가 무의미한 삶의 낭비가 아니라 안정된 오늘을 더욱 값지게 해주는 것이며 세상을 관조할 수 있는 안목을 마련해 준 것임을 인식하게 된다.

그런데 내가 미당의 「국화 옆에서」를 좋아하는 것은 남다른 경험에 바탕을 두고 있기 때문이기도 하다. 내가 이 시에서 중시하고 있는 것은 <국화>가 아니라 <옆에서> 국화를 바라보는 시선이다. 나는 「국화 옆에서」의 시적 대상인 국화와 같은 <누님>이 있고, 시적화자처럼 그런 누님을 평생 <옆에서> 지켜보며 살았기 때문이다.

내게는 다섯 누님이 있다. 딸 부잣집의 막내이자 외동아들인 내게 다섯 누님은 언제나 살뜰히 나를 귀여워했다. 그런데 사실 큰 누님은 기사생己巳生(1929)이니 나와는 15년이란 시간적 거리가 있어 내가 미처 철들기 전, 열아홉의 꽃다운 나이에 영해寧海 나라골仁良 함양 박씨 종가로 시집을 갔다. 그러므로 내 어린 시절 큰 누님의 사랑이나 귀여움을 받은 기억은 없다. 그리고 철이 들고 보니 누님은 혼자였다. 자형姊兄되는 이는 6·25전쟁에 전쟁터로 나간 후 소식이 없었다. 그 날 이후 누님의 일생은 기다림의 세월이었다. 아침에 우는 까치울음 소리에 가슴 태우고, 배달부가 전하는 편지를 받을 때마다 가슴이 무너져 내렸을 것이다. 전사戰死 통지를 받지 않았음을 그나마 위안으로 삼았던 날들이 세월이 지나면서 전사통지를 받은 사람이 오히려 부러워지는 세월을 살았으리라. 잊을 수도 없고, 체념할 수도 없는 세월은 젊음을 앗아갔고 자녀 하나 없는 절대고독의 길고 긴 세월을 누님은 그렇게 살았던 것이다. 숱한 소쩍새의 울음소리와 지축을 흔드는 천둥소리를 수천 번 들으며 누님은 외롭게, 외롭게 홀로 살았던 것이다.

그리고 60년대 홀로 대구에 나오셨다. 아마 주변의 연민의 눈길이 부담스러웠고, 별로 남기고 간 흔적은 없었겠지만 고가古家에 남겨진 짧은 신혼의 꿈과 남편이 남기고 간 흔적의 무게가 너무나 무거웠을 것이다. 그 부담과 흔적들을 훌훌 털고 낯선 곳에 자리 잡고 새로운 세계를 열어보고 싶었을 것이다. 그러나 누님은 시골에서 자란 완고한 집안의 맏딸이었고, 어엿한 종가의 며느리였다. 그런 누님에게 도시는 또 다른 무게로 다가왔을 것이다. 그리하여 찾아든 곳은 골방이었고, 새로이 찾은 삶의 방편은 삯바느질이었다. 그 때 나는 대학생이 되어 난생 처음 대구에 나왔고, 누님에게 얹혀사는 동생이 되었다. 그 날 이후 누님은 누님이 아닌 어머니가 되었고, 나는 누님의 아들이 되었다. 밤늦도록 재봉틀 돌리는 누님 곁에서 나는 책을 읽었다. 누님이 사주는 옷을 입었고, 누님이 주는 돈으로 커피를 마시고 술을 마셨다. 거기에다 때로는 친구까지 달고 와 밥도 먹었다. 그리고 대학 2학년이 되어 나는 군대에 가는 친구를 따라 논산에 갔다. 어머니 같은 누님에게 알리지도 않고.(사실은 논산훈련소에 가면서 친구에게 누님에게 전해주라고 내 시계를 풀어주었는데 친구는 그 시계를 잡히고 술을 마신 후 술값을 마련하지 못하여 누님에게는 알리지도 않았음을 나중에 알았다.) 행방불명, 누님에게 있어 세상에서 가장 무서운 것이 행방불명이 아니겠는가? 남편의 행방불명에 이어 동생의 행방불명. 하늘이 무너지는 아픔을 누님에게 안겨주었다. 그리고 열흘 후 나는 거지꼴로 이른 아침에 누님에게 나타났다. 논산훈련소에서 즉일 귀향을 한 것이었다. 누님은 나를 보자 처음에는 놀란 표정이었으나 동생임을 확인하고 흐느껴 울었다. 훗날 누님은 내가 행방불명이 된 이후 며칠간 평생에 울어야 할 눈물을 모두 흘렸다고 했다. 그리고 보면 나는 그 시절 그렇게 철이 없었고, 누님의 속을 헤아리지 못하는 망나니였다. 내가 결혼하기 전까지는.

그러나 누님은 내게 언제나 자상한 것만은 아니었다. 때로는 엄격했고, 언제나 사람의 도리를 일깨워주었고, 예의범절을 가르쳐주었다. 그것은 지금도 마찬가지다. 집안의 대소사는 물론, 살아가면서 어려움에 부딪힐 때면 나는 언제나 누님의 조언을 듣고서야 마음이 놓인다. 그리고 보면 누님은 내게 큰 어른일 수밖에 없고 온갖 풍상을 겪으면서도 늘 푸른 소나무처럼 강건할 수 있었던 누님이 지닌 힘의 원천은 무엇인지 아직도 나는 모른다.

 세월이 흘렀다. 나는 결혼을 했다. 나의 결혼조건은 단순했다. 나의 결혼조건이란 내게 필요한 사람이 아니라 우리 집에 필요한 사람이어야 했다. 집사람은 그런 사람이었고 누구보다 누님이 좋아했다. 그리고 집을 장만하면서 오래도록 누님에게 얹혀살았던 것처럼 누님은 우리와 함께 살게 되었다. 그러나 우리 집에 함께 살았다고 하지만 그것은 내가 누님을 모신 것은 아니다. 학교에 나가고 있던 아내로부터는 우리 집의 살림을 맡아 살아주는 주부의 역할이 누님에게 주어졌고, 집안의 대소사를 주도해야 하는 가장의 큰 짐이 누님에게 또다시 맡겨졌을 뿐이다. 그러므로 나와 아내는 역시 누님의 하숙생에 지나지 않았고, 어머니 또한 누님과 함께 있음으로 해서 도시의 무료함을 달랠 수 있었다. 어머니가 돌아가시자 누님은 마침내 어머니의 대행이 되었다. 그러나 어머니가 돌아가시고 아내마저 학교를 그만 두자 누님은 멀지 않는 곳에 있는 당신의 아파트에서 살기를 원했다. 얼마동안 떨어져 살았지만 낮이면 언제나 우리 집에 와서 아이들 키우며 재롱을 보는 것을 즐겼고, 아이들이 커서 서울로 올라가자 아이들을 돌보기 위하여 서울로 함께 갔다. 아이들 또한 고모를 즐겨 따랐고 존경하고 있음을 볼 때면 가슴이 흐뭇하다.

누님도 이제 늙었다. 나는 지금 젊음의 뒤안길을 돌아 평생을 외로웠음에도 흔들림 없이 고고하게 살아온 누님을 평생토록 옆에서 지켜보면서 누님의 삶을 가슴에 되새긴다. 누님은 내게 어머니와 같은 분이고 평생토록 힘들고 외로운 삶이었으되 결코 실패한 삶은 아니라고 위로하며, 서정주의 「국화 옆에서」를 조용히 읊조려 본다.

한 송이의 국화꽃을 피우기 위해
봄부터 소쩍새는
그렇게 울었나 보다.

한 송이의 국화꽃을 피우기 위해
천둥은 먹구름 속에서
또 그렇게 울었나 보다.

그립고 아쉬움에 가슴 조이던
머언 먼 젊음의 뒤안길에서
인제는 돌아와 거울 앞에 선
내 누님같이 생긴 꽃이여

노오란 네 꽃잎이 피려고
간밤엔 무서리가 저리 내리고
내게는 잠도 오지 않았나 보다.

(2003)

나의 결혼이야기
- 아내를 위하여 -

 결혼한 지 30년이 지난 지금 결혼 당시를 생각하면 얼굴이 붉어진다. 무슨 용기로 결혼을 했을까 하는 생각을 하게 된다. 옛말대로 'xx만 차고 장가간다.'는 말처럼 가진 것 하나 없이 결혼이란 것을 했다. 어디에선가 이야기 했지만 결혼 그 전해 가을에 월부로, 그것도 빚을 얻어 집을 사고 다음 해 결혼을 했으니 마음과는 달리 혼수를 제대로 할 형편이 되지 못했다. 그나마 다행인 것은 신부 쪽에서 서둘러 하자고 하니 그것을 핑계 삼아 빈손으로 결혼을 하기로 했던 것이다.

 나는 학교에 다닐 때 여자 친구가 많았다. 여자 친구라 하면 요즘에는 좀 이상하게 생각하기도 하지만 그 시절 1960년대에는 말 그대로 친구였다. 이성간에 친구가 가능할까 하는 생각도 할 수 있겠지만 그것은 내 경험에 비추어

기우라고 생각한다. 함께 식사하고, 차 마시고, 영화구경 가고, 심지어 저녁에 여자 친구 집으로 놀러가고. 그렇게 할 수 있는 사람이 내 주변에는 상당히 많았다.

 기고만장한 이야기를 하나 덧붙이면 나는 길거리에서 만나는 여자 친구에게 돈을 얻어 영화 구경을 한 적도 있다. 어느 날 친구와 영화구경을 하기로 했다. 그런데 두 사람이 가진 돈이라고는 고작 한 사람의 입장권밖에 살 수 없었다. 그래서 한 사람의 몫을 길에서 구하기로 했다. 그 때 영화 입장권이 80원 정도 했던 것으로 기억하지만, 시내 중앙통을 거닐며 아는 여자 친구만을 찾아 영화구경을 하려는데 10원이 부족하다고 하여 10원씩 얻어 한 시간이 채 못 되어 80원을 거뜬히 모았던 실력이 있었다. 그래서 주변에서는 나를 두고 연애박사라고들 했다. 그러나 나는 그들과 연애를 하겠다거나 결혼의 상대로 생각한 적은 전혀 없었다. 그 시절만 하더라도 시골 촌뜨기인 나는 연애와 결혼을 구별하지 못할 만큼 순진했고 고지식했다. 그런가 하면 나는 그 당시로는 생각도 할 수 없는 터무니없는 꿈을 꾸고 있었다. 그 때 내가 즐겨 여자 친구를 포함하여 모든 친구들에게 한 말은 지금이야말로 내 생애 가장 초라한 시절이지만, 너희들을 절대로 실망시키지 않겠노라고 큰 소리를 쳤다. 그러니 지금 내가 누군가에게 집착한다는 것은 앞으로 올 행운을 스스로 막아버리는 일이 될 수 있다고 믿었다. 그러므로 언제나 앞으로 올 행운을 위하여 옆자리는 비워두어야 한다고 생각했다. 이런 생각을 하고 있었으니 나의 여자 친구는 연애하다가 상대와 싸우고 화가 나면 나를 찾았고, 심지어 데이트 약속에 남자가 나오지 않을 경우에도 그 대타로 나를 찾아 상담을 청하기도 했다. 그 때마다 나는 그녀들의 사정을 정성스레 들어주고 여행을 권하기도 하고, 때로는 무심함을 가장하여 상대를 유인할 것을 가르쳐 주기도 했다. 이런 나의 행동은 결과적으로 많은 여자 친구를 사귈 수 있는 계기가 되었다. 그러니까 부끄럽고, 한편으로는 억울하게도 남의 연애에는 상당히 깊숙이 간여하면서도 실상 나는 연애 한 번 하지 못하고 그 아까운 청춘, 대학시절을 보내고 말았다.

  막상 졸업을 하고 고등학교에 교사로 취직을 하고 대학원을 다니게 되면서 주머니 사정도 조금 좋아지면서 대학시절의 초라함에서 조금이나마 벗어났다고 생각하여 이제는 친구가 아닌 애인을, 결혼의 상대를 찾아보아야 할 것만 같았다. 그러나 막상 찾으려니 사람이 보이지 않았다. 이전까지 알고 지내던 여자 친구들에게 새삼스럽게 좋아한다거나, 사랑한다고 말하기엔 쑥스럽게 되었다. 그 많던 여자들은 어디로 숨어버린 것처럼 나타나지 않았다.

얼마동안 심각하게 생각했다. 내가 찾아야 할 사람은 어떤 사람이어야 하며, 결혼이란 무엇인가를. 오래 생각한 끝에 하나의 결론을 얻었다. 나의 결혼 상대는 내게 필요한 사람이 아니라 우리 집에 필요한 사람이어야 한다는 사실을. 나처럼 별달리 좋은 조건이라고는 하나도 없는 사람과 결혼하려는 사람은 남편 될 사람을 사랑하지 않고 결혼하려는 사람은 없지 않겠는가. 그리고 남편이 어느 만큼 능력이 있다면 두 사람이 살아가는 데는 큰 문제가 없을 것이라는 생각이었다. 그러나 우리 집에 필요한 사람은 누구나 가능한 것은 아니라는 생각이었다. 별달리 가진 재물 없고, 시어머니 모셔야 하고, 시집은 갔을망정 시누이 많고, 집안 어른이라고 해서 내세울 인물 없고, 어쩌다 집으로 찾아오는 이는 양복입고 양장한 사람이 아니라 바지저고리 입고 올 촌사람뿐임에랴. 그들에게 필요한 사람, 그들과 어울려서도 교만하지 않고, 그들을 업신여기지 않고, 한결같은 마음으로 나를 대하듯 다정하고 반갑게 맞아 줄 사람, 그런 사람이 내게 필요한 사람이라는 생각이었다. 이제 내가 찾아야 할 사람은 정해 진 것이다.

이전부터 알고 지내던 많은 여자 친구들을 하나하나 점검했다. 모두들 내게 필요하고, 나에게 잘 해 줄 여자들은 몇 사람 있는 것 같았다. 그러나 우리 집에 필요한 사람으로서는 한계가 있는 것처럼 생각되었다. 새로운 사람을 찾아야만 했다. 이런 나의 생각을 여자 친구들에게 광고했다. 광고 효과는 곧바로 나타났다. 여자 친구들의 주선으로 몇 사람을 만났고 몇 차례 퇴자를 놓았다. 그리고 얼마나 지난 뒤 마침내 한 사람을 찾았다. 조그만 키에 별로 예쁘지도 않는, 그렇다고 내놓고 자랑할 것도 없는 평범하기 짝이 없는 여선생을 만났다. 내 마음에 흡족한 것은 아니었다. 그런데 싫지는 않았다. 그 싫지 않음은 그녀의 마음이었다. 세상을 보는 눈이 건강했고, 겸손이란 것을 알고 있었고, 오늘보다는 내일을 믿고 있었다. 시골에서 자라지 않았으면서도 시골을, 시골 사람을, 별로 가난하게 자라지 않았으면서 가난을 이해하고 있는 것 같았다. 그것이 좋았다. 그날 이후 만남이 거듭될수록 무언가 새로운 것을 배우려는 모습이 좋았고, 내가 공부하는 사람이란 것을 더욱 좋아했다. 그리고 얼마를 지나 우리 집에 인사를 왔고, 어머님이 좋아하셨고, 어머님 같은 누님이 더욱 좋아했다. 그리고 나 또한 인사를 갔다. 옛날 배제학당을 나오신 장인 될 어른은 내가 책을 많이 읽은 것을 좋아했고, 장모될 분은 나의 약함을 걱정해 주었다.

그래서 우리는 결혼을 했다. 결혼 하던 날 나는 지쳐 있었다. 가진 것 없이 결혼을 하느라 심신은 피로했고, 하나

뿐인 남동생이라고 누님들과 자형들과 어울려 밤새워 옛날 가난했던 지난 세월을 이야기하느라 잠도 자지 못했다. 결혼식장에서 나는 혼주이자 신랑이었다. 어머님을 비롯하여 누님들 모두 놀랐다. 예상보다 많은 하객이 몰려들자 어머님은 이만큼 자란 아들을 대견스러워 했다. 결혼을 끝내고 한껏 기분 낸다고 택시 한 대를 대절하여 부산 해운대로 갔으나, 긴장이 풀어지면서 신혼여행 가는 택시 안에서, 호텔에서도 홀로 잠만 잤다.

   이제 결혼 한지 근 30년. 그 동안 처음 만나 내가 생각했던 대로 아내는 아내로, 며느리로, 손아래 올케로, 그리고 어머니로서의 역할을 잘도 수행해 준 것을 고맙게 생각하고 있다. 그러나 그 보다도 고향의 집안사람들로부터 인사를 받는 것은 더욱 기쁘고 고마운 일이다. 이런 고마운 사람을 만날 수 있었던 것은 대학시절 그 많은 여자 친구를 통하여 얻은 나만의 노하우 덕분이라고 말하면 함께 늙어가는 아내는 예전 새색시 때처럼 새침해질지도 모르겠다. 새침한 그 젊은 날의 모습이 새삼스레 보고 싶다.

(2001)

자호지변 自號之辯
– 내 호號의 내력 –

몇 년 전 모산慕山 심재완 선생님을 찾아뵈었을 때 선생님은 선생님의 선고문집先考文集인 『봉고세고鳳皐世稿』에 직접 서명하여 주시면서 내게 "자네 호는 뭔가?" 하셨다. 그래서 "아직 그런 것 없습니다."라고 했더니 선생님께서 다시 "이젠 자네도 호가 있을 때가 됐어."라며 즉석에서 <月山>이란 호를 내려주셨다. 사실 <월산>이란 내 고향 일월日月과 선생님의 제자이기에 선생님의 호인 <모산>에서 <山>을 취하신 것임을 알 수 있었다. 그러나 <월산>이란 말과 함께 가장 먼저 떠오르는 것은 세조의 장손이면서 아우 성종에게 왕위를 내어주고 풍류를 즐겨 "추강에 밤이 드니 물결이 차노메라. 낚시 드리치니 고기 아니 무노메라, 무심한 달빛만 싣고 빈 배 저어 오노라."라는 시조를 남긴 월산대군月山大君이 너무나 크게 부각되어 선뜻 선생님이 내려주신 호를 받아들이기 어려웠다. 그럼에도 불구하고 "자네도 호가 있을 때가 됐어."라는 말씀은 줄곧 뇌리에서 지워지지 않았다.

이후로 가깝게 지내는 친구들도 내 호를 물어 오기도 하고 호가 없다고 하면 있어야 한다고 말하곤 했다. 그들의 주장에 의하면 이제 나이가 60을 바라보게 되었으니 이름을 함부로 부르기엔 거북하고 조교수趙敎授로 부를라치면 정교수正敎授를 줄곧 조교수助敎授라 부르는 것만 같고, 조박사趙博士라고 부를라치면 조 박사가 어디 한 둘이냐는 것이다. 그리하여 내 주변 사람들이 지어준 호만도 다섯 손가락을 넘게 되었으니 이를테면 <조월釣月>, <석담石潭>, <계양溪陽>, <석계石溪> 등이었다. 그러나 이런 저런 연유로 이를 받아들이기에는 쉽지 않았다. 그리하여 나는 내 푼수에 맞는 호를 생각해 보기로 했다.

대저 옛 어른들은 호를 지음에 있어 네 가지 원칙을 두고 지었다고 하는데, 자신의 출생지와 관련이 있는 소처이호所處以號가 첫 번째고, 자신이 지향하는 바를 호로 삼는 소지이호所志以號가 그 두 번째요, 셋째로는 소우이호所遇以號라 하여 자신의 처지를 빗대어 호를 삼는 경우가 있으며, 마지막으로 자신이 좋아하는 사물을 표현하는 소축이호所蓄以號의 방법이 널리 쓰였다고 한다. 그런데 이 네 가지 방법 가운데 나는 큰 뜻이 없이 그 날 그 날을 살아왔으니 소지이호할 자격이 없고, 또한 내 비록 이렇다 하고 이룬 것도 없고 세상을 얕볼 만큼 영리하지도 않을뿐더러 억울하게 생각한 일도 없으니 소우이호할 명분도 없다. 그렇다고 내가 유별나게 무엇과도 바꾸어도 아깝지 않다고 할 만큼 좋아하는 것도 없고, 고작 좋아한다면 시간이 있으면 산에 오르기를 즐기고, 옛날에는 커피 맛을 찾아 다방을 순례한 적이 있기는 해도 요즘은 집에서 손수 커피를 끓여 마시며 음악 듣기를 조금은 좋아한다. 거기에다 한 때 『목민심서』를 읽고 다산茶山을 흠모한 시절이 있어 <茶>자를 넣어 호를 지었으면 하는 생각을 잠시 잠깐 한 적이 있었던 때도 없지 않았다. 그러나 커피 마시는 것이 무슨 자랑이며 그것을 아무리 마신들 무엇을 이룰 수 있으며, 다산 선생과는 이렇다 할 인연이 없으니 이 또한 가당찮은 것이었다. 그러고 보니 옛 어른의 말씀에 따른다면 어쭙잖게 내가 호라고 지을만한 것은 내 고향과 관련한 소처이호 이외에 다른 방법이 없는 듯하다.

  내 고향 일월을 떠나 온지도 벌써 40 여 년, 그리하여 1년에 한 두 차례 찾는 고향은 내 젊은 날의 가난과 고통으로 점철된 곳이기도 하다. 그리하여 한 때는 아예 고향을 잊어버렸으면 좋겠다고 생각하고, 가급적 고향 출입을 자제한 적도 있었다. 그러나 이제 고향이란 말만 들어도 유진오의 「창랑정기」에서 "해만 저물면 바닷물처럼 짭조름히 향수가 저려든다."는 말이 가슴에 닿아오는 것은 나이 탓으로만 돌릴 수는 없을 것 같다. 마을 뒤를 감싸고 있는 월월산 日月山은 태백준령이 뻗어 내리다가 마지막으로 힘을 모아 거봉을 이룬 산이다. 그런가 하면 마을 앞으로는 홍림산 일자봉이 단정하게 정좌하고 있을 뿐만 아니라, 앞으로는 반변천이, 옆으로는 장군천이 마을을 감싸고돌아 흐르니 산 높고 물 맑아 예로부터 세속을 떠난 선비가 자연과 더불어 시주풍류詩酒風流를 즐기기엔 안성맞춤이다. 거기에다 우리 집안은 기묘사화로 정암靜庵, 諱 光祖 선생이 화를 당해 일문이 팔도로 흩어질 때 선생의 삼종숙되는 분이 영주로 낙남落南하고 그 손자되는 참판공이 1535년에 영양에 입향하여 한집안을 이루어 근 500여년을 세거한 집성촌이니 어찌 무심할 수 있겠는가. 그리하여 많은 선조들이 이곳에서 농사짓는 틈에 학문을 익혀 문집과 함께 호를 남겼으니, 그 가운데서도 내 12대조이신 자헌대부지중추부사이셨던 사월공沙月公(諱 任)이야말로 우리 문중을 일으켜 세운 어른이셨다. 그리하여 그 어른의 문집沙月文集을 읽을 적마다 흠모하는 마음이 새로워지면서 그 분의 자손임을 잊지 않았고, <沙月>이란 호 또한 좋아하였다. 그러고 보면 나는 사월공의 후손이자 '일월 촌사람'이니 <月村>이라 자호自號하였다.

   <월촌>이라 자호하자 가까운 친구들이 한마디씩 평하기를 촌사람치고는 세련되었다거나, 머지않아 달나라로 여행을 할 때면 그곳이 바로 '월촌'이니 어쩌면 또 다른 고향 하나를 갖게 될지도 모른다고 말하고 함께 웃었다. 그리고 동문 석암石庵 김영숙金榮淑 교수는 당호로 월촌재月村齋라는 휘호를 써주었다. 그러나 가만히 다시 생각하면 이렇다 할 이룩한 일 없이 살아온 내게 무슨 호가 필요한가를 생각하면 이 또한 분에 넘치는 사치임에 분명하다.

(2004)

아름다운 일본 풍정風情
- 사랑하는 딸에게 -

　벌써 6월도 하순에 접어들었구나. 이젠 대구의 더위도 제법 기승을 부리겠구나. 그래 요즘 어떻게 지내고 있니? 요즘도 학원에는 계속 잘 나가고 수영도 계속하고 있니. 어머니와 동생들, 그리고 고모님도 잘 지내고 있겠지? 네게 대해서는 별달리 공부를 비롯하여 매사에 이야기하지 않는 것은 언제나 너를 신뢰하고 있기 때문이다. 모든 것 잘 하리라 믿는다.
　아버지도 요즘 아주 편하게 지내고 있다. 지금 아버지가 지내고 있는 집은 방이 두 칸, 마루가 두 칸이나 되는 아파트다. 책상이랑 소파가 비치되어 있고, 방에는 조금 오래된 것이긴 해도 침대가 있어 잠자리도 아주 편하다. 그러나 집이 큰길가에 있기 때문에 이른 아침부터 밤늦게까지 지나다니는 자동차소리와 함께 뻐꾸기소리에 신경이 많이 쓰인다. 도시 한 가운데 살면서 무슨 뻐꾸기소리냐고? 그것은 거리의 신호등 소리란다. 그리고 바로 집 앞에는 천리시청이 있고, 이 도시에서 가장 무성한 은행나무 가로수가 심어져 있는 거리란다. 지금은 무성한 잎으로 거리에 그늘을 만들어 주고 있지만 가을이 되어 노란 물로 잎새가 물들면 이 거리는 황금거리로 바뀐단다. 전에 하숙집에 있을 적에 비하면 마음도 편하고 생활이 자유로워 요즘에는 학교에는 매일 나가지 않고 집에서 책을 보고 있단다. 아직도 말은 완벽하게 할 수는 없지만 그런대로 일상생활을 하는 데는 큰 불편이 없지만 아직도 텔레비전의 이야기를 완전히 들을 수는 없구나.

　요즘은 시간이 있으면 이곳에서 가까운 곳을 놀러 다닌다. 일본은 어디를 가도 공원이다. 잘 다듬어진 나무와 꽃들이 곳곳에 자라고 어디에서도 새소리를 들을 수 있다, 얼마 전에는 하세데라長谷寺라는 절에 갔었는데 이미 꽃은 많이 지고 늦게 핀 모란만이 듬성듬성 피어 있었지만, 절 전체가 모란만을 심어 5월이 되어 모란이 필 때면 전국에서 모란을 보기 위하여 이 절로 몰려온단다. 절정기를 지나기는 했지만 모란으로 가득한 절집은 한 폭의 동양화였다. 그리고 한 번은 아카메赤目이라는 계곡을 갔었는데 계곡물이 맑고 숲이 얼마나 울창한지. 그리고 그 계곡에는 48개의 크고 작은 폭포가 있다고 하니 그 정경이 얼마나 대단하겠니. 물론 모든 폭포를 보지는 못했지만 이곳은 비디오로 찍어 두었으니 돌아가면 함께 볼 수 있을 것이다. 그저께는 오카야마岡山이라는 곳을 갔었지. 오카야마는 천리에서 제법 먼 곳이긴 하지만 안내해 주겠다는 사람이 있어 따라 나섰단다. 그 곳에는 오카야마성과 함께 모모다로桃太郎라는 옛날이야기 -복숭아에서 태어난 소년이 자라서 귀신을 쫓아내는 이야기의 발상지로 유명한 곳이기도 하지. 그런가 하면 고라쿠엔後樂園이라는 유명한 정원이 있어. 일본의 정원이 대체로 규모가 적은만큼 아기자기한 데 이 곳 정원은 넓고 확 트여진 정원으로도 유명하단다. 여행을 떠나면서 이 정원을 촬영하기 위하여 모든 준비를 해갔는데 막상 그 아름다운 정원을 찍으려고 보니 배터리를 잊어버리고 가져오지 않아구나. 역시 너무 서두르다가 일을 망치고 말았구나. 그래서 아쉬운 대로 카메라에 찍어두는 것이 고작이었지. 그리고 그 곳에서 조금 떨어진 구라시키倉敷라는 곳에는 유명한 미술관이 있는데 거기에서 고호를 비롯한 서양의 유명한 화가의 그림을 볼 수 있었단다. 이처럼 일본은 가는 곳마다 아름다운 정원과 다양한 문화시설이 있어 선진국의 모습을 보여주는데 손색이 없단다. 선진국이란 단순히 경제적으로 부국을 의미하는 것이 아니라 그것을 뒷받침할 수 있는 문화적 역량을 가지고 있을 때 비로소 선진국이라 이름할 수 있음을 온 몸으로 느꼈다. 그리고 마지막으로 바쁘게 들른 곳이 세토나이카이瀨戶內海다. 혼슈, 시코쿠, 규슈를 연결하는 다리로 그 길이만도 수십키로에 이르는 일본 최대의 다리지. 끝까지는 가보지 못하고 중간에서 돌아와야만 했지만 그 주변의 풍경은 감탄을 자아내게 했다. 이처럼 아름다운 것을 아빠 혼자만 보는 것이 안타깝구나. 아름다운 일본의 풍정風情을 볼 때면 너희들의 모습이 떠오르고 이 아름다운 것을 보여줄 수 있었으면 하는 마음으로 가슴이 가득했다.

　엄마하고 의논해서 여름방학이 되면 일주일 정도라도 다녀가도록 해라. 이젠 집도 넓고 하니 걱정도 없지 않니. 가능한대로 수속을 빨리 하여 방학되는 즉시 다녀가는 것이 좋을 듯도 하고, 그렇지 않으면 아빠가 8월 25일경에 잠시 들어갈 예정인데 그 일주일 전쯤에 와도 좋겠구나. 그러면 들어갈 때 아빠와 함께 들어가면 되니까.

　사실 이번에 집을 옮기는데도 여름방학에 한국에서 가족이 나오기 때문에 하숙집에 있을 수 없다고 떼를 써서 학교에서 특별히 마련해 준 집이기 때문에 아무도 다녀가지 않으면 이상하게 생각할거야. 그렇지 않더라도 아빠가 있는 동안이 아니면 언제 가족이 함께 일본구경을 할 수 있겠는가? 엄마에게 잘 이야기하여 모두 함께 다녀가도록 준비를 해라. 그리고 별로 살 것이 없어 수영할 때 쓰라고 물안경을 사서 보낸다. 조그만 카세트 워크맨을 하나 사두었으나 그것은 다음에 보내줄게. 내 이야기만 했구나. 그러나 내 이야기만으로 끝내는 것은 너를 믿기 때문이다. 무엇을 어떻게 해야 하는지 스스로 판단하고 성실히 실천하는 네 모습을 보는 것은 언제나 아빠의 기쁨이었으니까. 너무 무리하지 말고 몸 건강히 잘 있다가 일본에서 만나자. 사랑한다, 내 딸 은정아.

1991년 6월 12일
일본에서 너를 사랑하는 아빠가

아름답고 멋진 출발
- 신혼여행을 떠나는 새애기에게 -

너희들의 결혼을 진심으로 축하한다.

오늘 이 글을 쓰고 있는 이 시간, 많은 감회에 가슴이 벅차오르는 것을 막을 수 없구나. 항상 어리고 부족하게만 느껴지던 우찬이가 결혼을 한다는 것이 왜 이리 가슴을 울렁이게 하는지 모르겠다. 그리고 너를 우리 집 맏며느리로 맞이한다는 것이 어떤 의미를 지니는 것인지 생각하게 한다. 그래서 이제 새롭게 출발하는 너희들에게 마음 속 이야기를 전하고 싶구나. 그렇다고 내가 너희들에게 들려줄 이야기가 세상을 놀라게 할 새로운 이야기가 아니라 어쩌면 가장 평범하고 익히 잘 알고 있는 이야기일 수밖에 없다. 왜냐하면 인생이란 누구도 경험하지 못한 경이의 세계가 아니고 앞서 살아간 사람의 지혜에 힘입어 살아가는 세계이기 때문이다.

결혼식장에서 주례선생께서 세상을 살아가면서 명심해야 할 일들에 대하여 간곡한 당부와 함께 격려의 말씀이 있을 것이다만, 오랫동안 서로 사랑하던 너희 두 사람이 결혼을 하고 새로운 삶을 펼쳐갈 너희들의 생활에 대하여 가장 많은 관심과 격려를 해 줄 사람은 주례가 아니고 부모가 아니겠느냐.

너희들이 결혼을 했다는 것은 이 세상의 누구보다 서로를 사랑하기 때문일 것이다. 그러나 연애할 때의 사랑과 결혼을 하고 난 뒤의 사랑이 동일한 것만은 아니라고 생각한다. 에릭 프롬E. From은 "진정한 사랑은 창조적인 것이어야 한다."고 했다. 여기에서 '창조적 사랑'이란 두 사람이 서로를 이해하고 존중하는 가운데 보다 나은 내일을 준비할 수 있는 힘의 원천이라고 할 수 있을 것 같다. 결혼하기 전에는 자신을 위한 삶이었다면 부부의 삶이란 두 사람이 함께 하는 삶이고 동시에 새로운 가족과의 삶이고, 앞으로 낳을 자식을 위한 삶이 되지 않으면 안 되는 것이다. 그러면서 거기에서 보람을 느낄 때 그것은 분명 창조적 사랑이라고 할 수 있을 것이다. 그러므로 결혼생활이란 즐거움만이 존재하는 세계가 아니라 새로운 가치를 창조하는 삶이 되어야 할 것이다.

이제 너희들 앞에는 새로운 세계가 기다리고 있다. 지금까지는 한 집안의 구성원으로서 특별한 책임도 의무도 없이 수동적으로 살아왔지만 이제 작게는 부부로서 독자적인 생활을 영위해야 하고, 크게는 한 집안의 장남이고, 맏며느리로서의 의무와 책임이 따르는 것이다. 그러므로 매사를 신중하게 생각하고 무엇이든 함께 의논하여 화목한 가정을 이루려는 마음가짐이 필요하리라 믿는다.

어쩌면 우찬이를 통해 들었을지도 모르겠다만, 우리 집 가훈은 "志行上方하고 分福下比하라(뜻과 행동은 나보다 높은 사람을 본받으려 하고, 재물은 나보다 못한 사람과 비교하라.)"는 말이다. 이러한 것을 가훈으로 하게 된 것은 나의 성장과정과도 일정한 관계가 있고, 나 스스로 이 말을 충실히 지키려고 했다.

나는 어려서부터 두 가지 욕심이 있었다. 내가 어려서부터 좋아했던 말이 "人必自侮以後人而侮之"(사람이란 자기가 자신을 모욕한 연후에 다른 사람이 자신을 모욕한다.)라는 논어의 한 구절이었다. 이를 한 마디로 말하면 자중자애自重自愛하란 뜻이겠지. 좀 더 부연하면 그것은 맹목적인 자기과시가 아니라 남으로부터 모욕을 받지 않기 위해 자신의 뜻을 세우고 자신을 지켜갈 때 감히 다른 사람이 얕볼 수 없다는 말이다. 그래서 나는 어려운 여건 속에서 남과 경쟁할 수 있는 길이 무엇인가를 생각했고, 그것이 공부하는 길이라고 생각했다. 이러한 나의 생각은 그런 대로 작은 열매를 맺었다.

그리고 다음으로 내 자식들에게는 나처럼 힘들지 않게 자신의 길을 갈 수 있도록 뒷받침을 해주는 것이었다. 다음 날 자세하게 이야기해줄 기회가 있으리라 믿지만 나는 어려서 아버지를 여의고 농사일을 하면서 힘들게 공부를 했다. 그래서 어려서는 하고 싶은 것을 할 수도 없었고, 어디에 가서 누구네 집 아들이란 말도 잘 통하지 않았다. 이러한 나의 어린 시절, 가난하고 외로웠던 기억은 내 자식만큼은 외롭지 않고, 힘들지 않게 자신이 하고자 하는 바를 할 수 있도록 뒷받침을 해주고 싶었었다. 이러한 나의 욕심은 맏이인 우찬이에게 더 많이 기대하게 되었고, 때로는 나의 생각을 강요하기도 했다. 그러나 나의 눈에 우찬이는 영악하기 짝이 없는 요즘 아이들과는 달리 그냥 점잖고 별다른 야망도 없는 것처럼 보였다. 물론 사람이 영악해서는 안 되고 지나친 욕심이 또 다른 화를 부를 수 있음을 잘 알고 있다. 그러나 사람이 산다는 것은 그냥 주어진 대로 사는 세계가 아니라 어떤 구체적 목표를 설정하고 그것을 성취하기 위해 최선을 다하여 정진하는 것이 아닐까 한다. 그리고 그 목표는 일시에 이루어지는 것이 아니라 오랜 시간 하나씩 모여 마침내 큰 목표에 이르게 되는 것이다. 그러므로 삶의 목표도 단계적으로 설정하여 각고의 노력을 경주할 때 비로소 실현될 수 있는 것이라 믿는다. 이 세상에 어느 것 하나 쉽게 이루어지는 것은 없고, 어느 만큼 성공했다는 사람 치고 남모르는 노력 없이 저절로 이룬 사람도 결코 없는 법이다. 그래서 우찬이를 볼 때마다 좀 더 뚜렷한 목표를 설정하고 그것을 실현하기 위해 노력하는 모습을 보고 싶은 것이다. 이런 생각은 물론 나의 과욕에서 비롯된 것일지도 모른다. 그러나 높은 뜻을 세워 노력한다면 분명 자신의 목표에 온전히 도달할 수는 없을지 모르지만, 노력한 것만큼 자신의 위상을 높일 수 있지 않겠니. 실상 우찬의 장래는 새애기 너의 손에 달렸다. 오늘의 현실에 안주하여 편안하고 즐거운 일만 추구한다면 빛나는 내일은 기약할 수 없다. 빛나는 내일은 결코 팔자소관에 달린 것이 아니라 젊어서 고생하며 자신의 능력을 기르는 데서 비롯된다는 것을 잊지 말고 항상 격려하고 의욕을 갖고 정진할 수 있도록 채근해야 할 것이다. 지금은 조금 초라하여도 흉이 되지 않지만 나이 들어 초라하면 그것 보다 더 비참한 것은 없다. 이 말은 단순히 경제적인 측면만을 의미하지 않는다. 나이 들어 아름다울 수 있는 삶을 지금부터 차근차근 준비하도록 해라. 아비의 말은 듣지 않아도 사랑하는 아내의 말을 듣는 것이 이 세상 모든 남자들이다. 현명한 아내란 남편을 키워줄 수 있는 사람이라는 것을 다시 한 번 생각해라.

이제 너는 이 세상에 둘도 없는 사랑하는 우리 집 맏며느리다. 그런데도 너에 대해 내가 알고 있는 것은 거의 없구나. 알고 있는 것이 없다는 것은 분명 또 다른 매력이다. 이제 너를 옆에 두고 너의 진면모를 하나씩 알아 가는 과정은 분명 즐겁고 기분 좋은 일이 될 것이다. 이 세상에서 가장 매력적인 사람은 끝없이 새로운 모습을 보여 줄 수 있는 사람이다. 새로운 모습이란 겉으로만 드러나는 것이 아니라 마음속에 있다는 것을 기억하여라. 언제나 네게서 새로운 모습을 볼 수 있기를 기대한다.

사랑하는 새애기야.
이번 결혼을 앞두고 여러 가지로 마음 쓰느라 힘들었을 것이다. 새로운 세계로 진입하는 입사과정initiation은 누구에게나 힘들게 마련이다. 옛말에 '고진감래苦盡甘來'라는 말이 있지 않느냐. 새로운 생활과 낯선 환경이 조금은 부담스러울 수도 있겠지만 모든 것 훌훌 털어버리고 모든 것 새롭게 시작하자. 이제 너희들 앞에 펼쳐질 내일은 너희들 마음에 달려 있다. 꿈을 갖고 사는 것은 분명 행복한 일이다. 그리고 꿈을 이루는 과정은 힘들지만 꿈이 이루어졌을 때 얻는 즐거움은 모든 고통을 상쇄하고도 남음이 있다. 너희들이 살아가는 과정을 항상 옆에서 지켜보며, 필요하다면 내 작은 힘이나마 보태도록 하마.

너희들의 결혼을 다시 한 번 마음속으로 축하한다.
신혼여행을 밀월 Honey Moon여행이라고 하지 않느냐. 글자 그대로 꿀처럼 달콤하고 달빛처럼 정겨운 여행이기를 빈다. 그러면서 즐기는 여행만이 아니라 너희들이 평생을 두고 가꾸어야 할 꿈을 설계하는, 미래를 준비하는 여행이기를 바란다. 잡비 몇 푼을 넣었다. 여행하며 둘이서 맛있는 것 먹고, 즐거운 일에 보탬이 되었으면 좋겠다.
여행기간 낯선 곳에서 항상 조심하고 건강한 모습으로 만나기로 하자.
잘 다녀오너라. 너를 진심으로 사랑한다.

2007년 10월 27일
결혼전날 밤에 시아버지가

꿈을 꾸는 사람은 아름답다.
- 마지막 강의 -

 이제 만42년의 교직생활을 마감하면서 여러분과 함께 석별의 정을 나누어야 할 시간인 것 같습니다. 회자정리會者定離라는 말이 있지요. 너무 진부하여 이 말의 의미를 우리는 너무나 가볍게 생각해 왔고, 특정한 기회에 '아, 그런 말이 있었지.' 하면서 이 말을 떠올리는 것입니다. 이별이란 결코 서러운 것만은 아닙니다. 이별이란 추억을 만들고, 또 다른 기다림을 마련하는 시간이기도 하니까요. 그래서 오늘 우리의 이별은 한 시기를 정리하고 새로운 기다림의 시작이라고 할 수 있습니다. 그러므로 오늘의 이야기는 슬픈 이별의 이야기가 아니라 새로운 출발을 위한 아름다운 이야기를 하기로 합시다. 그래서 오늘 이야기는 <꿈을 꾸는 사람은 아름답다.>라고 정했습니다만, 사실은 내가 살아온 이야기를 하려고 합니다. 그 까닭은 내가 살아 온 삶이 아름다웠기 때문이 아니라 내 삶을 통하여 여러분의 삶을 새롭게 설계하여 방황과 좌절이 없는 아름답고 보람찬 날들이 되기를 소망하기 때문입니다.

42년이란 결코 짧지 않은 세월을 교직에 몸담아 왔습니다. 1968년 대학을 갓 졸업하고 스물 네 살의 나이로 대구의 청구고등학교에서 6년간의 교사생활을 거쳐 1974년 경남대학교에 교수로 부임하여 36년을 보냈습니다. 뒤돌아보면 아득한 세월이지만 '그 긴 세월 무엇을 어떻게 했는가.' 생각하면 기쁨과 보람이 있었고, 동시에 회한 또한 없지도 않습니다. 그럼에도 불구하고 지금까지 꿈을 꾸며 살았다고 생각합니다. 뽈 발레리P. Valéry가 "자기의 꿈을 실현하고자 하는 자는 깨어있지 않으면 안 된다."고 했습니다만, 내가 평생을 꿈을 꿀 수 있었던 것은 스스로 깨어있고자 하는 열망이 있었기 때문인지도 모릅니다. 소설을 공부하면서 내가 주문呪文처럼 읽었던 루카치G. Lukács의 말을 생각해 봅니다.

"별이 빛나는 창공을 보고, 갈 수 있고 또 가야만 하는 길의 지도를 읽을 수 있던 시대는 얼마나 행복했던가. 그리고 별빛이 그 길을 밝혀주던 시대는 얼마나 행복했던가? 이런 시대에 있어서 모든 것은 새로우면서도 친숙하며, 또 모험으로 가득 차 있으면서도 결국은 자신의 소유로 되는 것이다."

 이 글을 읽으면서 나는 생각했습니다. 길이 끝난 시대일지라도 '별이 빛나는 창공'과 '가야만 하는 길의 지도'를 새로이 만들 수만 있다면, 그 길이 비록 모험으로 가득 찬 세계라 하더라도 분명 나의 삶이 될 수 있다면 그것은 매력적인 것이라고 생각했습니다. 그래서 나는 스스로 길을 찾기 위하여 "나는 누구이며, 어떻게 살아야 할 것인가?" 하는 거창한 물음에 답을 찾아보려 했습니다. 그것이 바로 나의 길 찾기의 출발점이었습니다. 나의 길 찾기를 위한 여행은 고등학교에 입학하면서 비롯되었습니다. 여기에서 비유적으로 길 찾기란 말을 했습니다만 그것을 흔히 쓰는 말로 바꾸어 보면 삶의 지표로서 좌우명이라고 할 수도 있겠지요.
 나는 "인필자모이후 인이모지 人必自侮以後人而侮之"라는 말을 내 삶의 한 기둥으로 생각했습니다. "사람이란 자기가 자신을 모욕한 연후에 다른 사람이 나를 모욕한다."는 뜻이겠지요. 나는 고향, 경북의 산촌 영양 英陽에서 고등학교를 다녔습니다. 형편이 좋은 친구들은 모두들 도시로 유학을 갔고, 형편이 어려운 친구들이 고향에 남아 시골 고등학교에 다니게 되었지요. 모두들 패배자라는 의식에 사로잡혀 있던 우리에게 교장선생님께서 들려주신 말씀이었습니다. 고등학교 1학년이던 내게 이 말은 엄청난 충격이었습니다. 패배자라는 의식에서 결코 패배자가 아님을 자각하게 하는 순간이었고, 새로운 가능성을 확인하는 순간이기도 했습니다.

   사실 우리는 남으로부터 사랑 받기를 갈망하고, 다른 사람을 사랑하는 일에는 온 정성을 다 합니다. 그러나 자신을 사랑하는 일에는 너무나 소홀하지 않았나 되돌아보아야 합니다. 자신을 사랑하는 것, 그것은 자신을 아는 것에서 비롯되며, 자신의 능력을 키워가는 과정에서 얻어질 수 있습니다. 무턱대고 자신을 과대평가하는 것은 자기 파멸의 길이며, 남의 모욕을 자초하는 길입니다. 자신을 사랑한다는 것은 어설픈 자만自慢이 아니라 자존自尊이며, 이를 위한 끊임없는 자기 계발이 있을 때 가능한 것입니다. 한 때 나는 주변사람으로부터 '건방지다'는 오해를 받은 적도 있지만, "인필자모이후 인이모지人必自侮以後人而侮之"라는 말은 가난했던 내 젊은 날을 불행으로 받아들이지 않고 '별이 빛나는 창공'으로 인식하게 하였고, 새로운 '길의 지도'가 될 수 있었습니다. 그래서 이 말은 시골에서 좌절하고 스스로 패배자라는 의식에 젖어있던 나에게 새로운 삶의 길을 열어 주었습니다. 다른 사람으로부터 무시당하거나 동정 받는 것은 가난한 것보다 더욱 불행한 일이며, 자신을 사랑하고 자신을 지켜 줄 사람은 이 세상에 오직 한 사람, 자신뿐임을 자각할 때 비로소 자아실현이 가능하다고 생각했던 것입니다. 그러한 생각은 지금도 변함이 없습니다.

두 번째로 나는 "志行上方하고 分福下比하라."는 말씀에서 나의 길을 찾으려고 했습니다. "뜻과 행실은 나보다 높은 이를 본받으려 하고, 잘 살고 못살고는 나보다 못한 사람들과 견주어라."는 뜻이지요. 이 말씀은 나의 방조傍祖되시는 옥천공玉川公(휘 趙德鄰, 1658~1737)께서 자손들에게 가르침을 베푼 말씀으로 우리 집의 가훈이기도 합니다.

여기에서 잠시 옥천공의 삶에 대하여 이야기를 해야 될 것 같습니다. 옥천공은 영조 때 사간원 사간으로 당시 당쟁의 폐해를 논하고 이를 바로잡을 것을 청하는 10조소十條疏를 올려 노론으로부터 공격을 당하여 삭직 유배되었고, 정미환국으로 유배에서 풀려났으며, 무신란(1728)이 일어나자 경상도호소사가 되었다가, 난이 평정된 뒤 동부승지에 제수되었고, 이후 참찬관이 되어 어전에서 진강進講하였으나 이 또한 오래지 않아 사직하고 낙향하여 학문에만 전념하였지요. 그럼에도 불구하고 다시 노론의 모함으로 제주도로 위리 안치되어 유배를 가던 중 강진에서 별세했는데 그 때 연세가 79세였습니다. 이후 신원이 되기까지 근 160여 년 동안 우리 영양 조문趙門은 과거에 응시할 수 없었습니다.

앞에서도 이야기했습니다만, 나는 아버지 없음을 서러워했고, 가난함을 원망했고, 어느 것 하나 남들과 같지 않다고 생각했습니다. 그래서 나는 언제나 불행하다고 생각했습니다. 그러나 옥천공의 말씀을 마음에 새기고부터는 내가 건강하게 자랐고, 어머니와 누님으로부터 지극한 사랑을 받았으며, 주변으로부터 많은 도움 속에 성장했음을 감사하게 생각하게 되었습니다. 그리고 큰 뜻은 세우지 못했지만 나름대로 내 삶의 목표를 설정하고 그것을 실현하기 위하여 노력했습니다. 그러나 진정 부끄러워해야 할 것은 내가 큰 뜻을 갖지 못하고 작은 것에 집착하고 눈앞의 작은 이익에 골몰했다는 사실입니다. 더군다나 내가 꿈꾸었던 세계가 진정 가치 있는 것이었는가를 생각하면 얼굴이 붉어지기도 합니다.

"知之者는 不如好之者요, 好之者는 不如樂之者니라.(진리를 밝게 아는 사람은 이를 좋아하는 사람만 못하고, 이를 좋아하는 사람은 이를 마음에 얻어 기뻐하는 사람만 못하다.)"는 옛말이 있지요. 내가 추구한 학문이란 세계가 거창하게 진리의 탐구라 이름 할 수 있을지 모릅니다만, 그것은 남들의 주장을 덧칠하여 나의 이야기로 분식粉飾하고 그것을 대단한 것인 양 포장한 것에 지나지 않았을지도 모릅니다. 그러기에 내가 진리

탐구를 좋아하고 나아가 그것을 즐기는 경지에는 한 걸음도 나아가지 못한 것만 같아 스스로에게는 부끄럽고 옥천공께는 말만을 앞세운 후손이 된 것 같아 죄송스러운 마음이 없지 않습니다. 그럼에도 불구하고 "志行上方하고, 分福下比하라."는 말씀은 내가 평생토록 어떻게 살아야 하는가를 일깨워주는 지남指南으로 작용했던 것은 사실입니다.

다음으로 꿈을 갖고 그것을 키워가는 것이 삶이라고 생각했습니다. 그래서 나는 꿈을 꾸기 시작했습니다. 그것은 아주 작은 것이었습니다. 우리 마을은 산간오지였기 때문에 초등학교와 면사무소, 그리고 지서(파출소)가 있어 그런대로 외지에서 온 사람들이 있긴 했지만 대부분이 집안사람들로 농사를 지으며 가난하게 살았습니다. 그런 환경 속에서 꿈을 갖는다는 것은 불가능했을지도 모릅니다. 그런데 초등학교에 다니면서 6년 동안 줄곧 선생님의 귀염을 받았고, 거기에다 3학년 때에는 학교 뒤에 집이 있음에도 사범학교를 갓 졸업한 여선생님이 혼자 지내기 무섭다며 선생님의 자취방에서 한겨울을 함께 보내는 행운도 있었습니다. 그 때부터 나는 선생님이 되겠다는 생각을 했던 것 같습니다. 선생님이야말로 우리 마을의 면서기보다 훌륭했고, 지서의 순사보다 멋져보였습니다. 그 때 우리 마을에서는 선생님보다 높은 사람도 없었으니까요. 그 이후 시오리(6km) 길을 통학하며 중학교, 고등학교를 다니는 동안 내 꿈은 초등학교 교사에서 중학교 교사로, 다시 고등학교 교사로 자리를 옮겼을 뿐 교사의 꿈은 바뀌지 않았습니다. 사실 고등학교 시절까지 내가 보아 온 세계는 초등학교 시절의 경험에서 크게 변하지 않았습니다. 시장에서 장사하는 사람은 보았지만 사업가를 볼 수 없었고, 면사무소가 군청으로, 지서가 경찰서로 이름만 달랐을 뿐 거기에서 일하는 사람은 마찬가지라고 생각했으니까요.

그리고 중학교, 고등학교를 다니면서 글쓰기에 관심이 있어 교내 백일장에서 입선을 하면서 시인이 되고 싶다는 생각을 했습니다. 고등학교 시절에는 시를 좋아하시던 박주일 선생님으로부터 국어를 배우면서 문학 서클을 조직하여 매주 모여 자작시를 발표하고 품평회를 갖기도 했지요.(박주일 선생님은 우리가 졸업한 이후 시인으로 등단하셨다.) 이러한 소박한 나의 꿈은 그대로 대학진학으로 연결되어 국어국문학과로 진학하는 계기가 되었고, 나의 진로에 대하여 한 번도 회의하지 않았습니다.

처음 대학에서의 생활은 조금은 참담했습니다. 대학에 입학하여 강의를 들으면서 나는 실망했고, 한 달이 못되어 거의 절망하기에 이르렀습니다. 대학이란 스스로 공부해야 한다는 사실을 모르던 프레쉬-맨 시절이었으니, 강의

듣기에 절망한 내가 찾은 곳이 학보사였고, 거기에서 이재선 교수님과 운명적 만남이 있었습니다. 여기에서 운명적이라고 한 것은 바로 내가 지금 여러분 앞에 서있게 된 계기가 되었기 때문입니다. 앞에서도 이야기했습니다만, 강의에 절망하고 새로운 도피처로 찾은 학보사는 즐거웠습니다. 그래서 한 순간 신문기자가 되려는 생각을 했습니다만 2학년이 끝나고 3학년이 되면서 이재선 교수님께서 신문사 주간을 그만두게 되면서 선생님의 연구실에서 공부할 것을 제의하셨지요. 그래서 학보사 생활을 정리하고 교수님 연구실의 청소담당(?)으로 자리를 옮겼습니다. 그리고 선생님의 심부름을 하면서 선생님의 어깨너머로 공부하는 방법에 눈뜨기 시작했습니다. 그 해 가을 난생 처음 논문이란 것을 써서 학회지에 발표하게 되었고, 4학년이 되어 영남지역 8개 대학 국문과 논문발표 발표회에 참가하여 논문을 발표하여 강평하신 소설가 김정한金廷漢교수님으로부터 과분한 칭찬을 듣자 선생님께서 조금은 기뻐하셨습니다. 그 이후 내 꿈은 다시 대학교수가 되겠다는 것으로 바뀌었습니다. 그 꿈은 짧은 고등학교 교사 시절을 거쳐 1974년 경남대학교에 오면서 실현되었습니다.

꿈이 꿈으로만 끝난다면 그것은 진정 꿈이라 할 수 없는 것이라고 생각합니다. 꿈이란 현실 속에서 실현할 수 있을 때만 진정한 꿈일 수 있는 것입니다. 그리고 꿈은 일관되어야 하는 것이라고 생각합니다. 때와 장소에 따라 바뀐다면 그것은 바람직한 꿈일 수도 없고 또한 실현할 수도 없을 것입니다. 지금 여러분은 어떤 꿈을 갖고 있으며 그 꿈을 실현하기 위하여 무엇을 하고 있는지 생각해보길 바랍니다.

다음으로 한 사람의 인간으로서 일생을 통하여 무엇을 남길 수 있는가를 생각했습니다. 이것을 다른 말로 표현하면 '자기성취' 혹은 '자아실현'이라고 할 수도 있겠지요. 그러나 사실 '자기성취'란 그렇게 용이한 일은 아니라고 생각합니다. 나는 학문에 뜻을 두었기 때문에 어떠한 학문적 업적을 남길 수 있을까를 염려했습니다. 단순히 지식으로서가 아니라 내 삶의 투영으로서, 한 사람의 인간적 성숙 위한 학문이기를 갈망했습니다. 그러면서 내 일생 5권의 저서를 목표로 했습니다. 당시만 하더라도 저서를 낸다는 것은 대단한 일이었고, 그러기에 책을 출판하면 성대한 출판기념회를 열어 학문적 업적을 기리던 시절이었으니 대학교수가 되면서 5권의 저서를 낸다는 것은 대단한 목표였습니다. 그런데 지금 나의 학문적 성취를 뒤돌아보니 수적으로는 10여권의 저서를 간행했습니다만, 나의 책들이 과연 나의 인간적 성숙을 뒷받침하고 있는가 하는 문제를 생각하면 자신 있게 '예'라고 답할 수 있는 것은 아니라는 생각

또한 없지 않습니다. 그러나 수적으로 목표를 초과달성했다고 할 수 있겠지요. 초과달성이 갖는 의미는 그 동안 내가 심히 게으르지 않았음을 말해주는 것이고, 교수라는 자리에만 집착하지 않았다는 것을 말해 주는 것이라 할 수 있지요. 그러면서 초과달성에 대하여 나름대로 작은 성취감이 없는 것도 아닙니다. 그런 의미에서 여러분에게 말하고 싶은 것은 처음부터 너무 큰 목표를 설정하지 말고 실현 가능한 작은 목표를 설정하여 그것을 충실히 실현하고 거기에 만족하지 말고 그 목표를 점진적으로 키워가는 것이 중요하다고 생각합니다. 그리고 처음의 목표를 달성한 사실에 만족하지 않고 지속적으로 노력하여 처음의 목표를 초과달성했을 때 얻는 보람은 더욱 클 수 있다고 생각합니다. 그런데 요즘 사람들은 '자아실현'을 부富의 축적으로 생각하는 경향 또한 없지 않습니다. 물질적 풍요로움이란 따지고 보면 헛된 욕망이고 그것은 더 많은 부의 축적이란 욕망으로 재생산될 뿐입니다. 그러므로 우리가 꿈꾸는 자아실현은 보다 인간적 성숙을 실현할 수 있는 것이어야 함은 물론입니다.

지금까지 내가 여러분에게 이야기한 것은 내가 평생을 살아오면서 소중하게 생각한 문제의 일단이라고 할 수 있습니다. 그것을 요약하면 "꿈을 꾸는 사람은 아름답다."고

할 수 있습니다. 꿈을 꾸는 것만으로도 우리는 행복할 수 있습니다. 그러나 그 꿈을 실현했을 때 얻는 즐거움은 더욱 아름답습니다. 우리 모두 자기에게 알맞은 꿈을 갖고 천천히 그러나 끊임없이 그 꿈을 실현하기 위해 정진합시다.

그런데 마지막 강의를 하면서 가장 두려운 것은 내가 여러분들에게 어떻게 기억될 것인가 하는 문제입니다. 그것은 여러분만이 아니라 나를 아는 모든 사람들에게 어떤 모습으로 비춰지고 있을까 하는 것은 단순히 호기심의 세계가 아니라 나의 삶에 대한 가장 객관적 평가일 수 있기 때문입니다. 물론 나는 인간적으로 매우 불완전했고, 학자로서 또한 부족함이 많았음도 잘 알고 있습니다. 그러고 보면 나를 알고 있는 사람들에게 기억의 대상이 아니고 곧바로 잊혀질 사람일지도 모릅니다. 그러나 때로는 역설적이게도 훌륭한 자식으로 말미암아 그 부모가 세인에게 기억되는 경우처럼 뛰어난 제자나 지인知人이 있어 나를 망각의 그물에서 건져 그들의 기억 속에 자리할 수 있게 된다면 이 또한 행복한 일이라고 생각합니다. 그러면서 그 기억이 단순한 이름으로서가 아니라 큰 욕심 없이 평생토록 삶에 기교를 부리지 않고 진실 되게 살려고 노력했던 사람으로 기억될 수 있다면 가장 행복하겠습니다.

지난 36년 동안 학문을 그리고 학문보다 어려운 인생을 이야기할 수 있는 기회를 제공해준 경남대학교와 수많은 졸업생, 그리고 이 자리에 함께한 여러분에게 진심으로 고맙다는 인사를 드립니다. 감사합니다.

(2009.12)

제6부

뿌리를 찾아서

죽수서원竹樹書院 참배기

참판공행장參判公行狀

영양향교 육영루 중건기育英樓 重建記

사의정사중건기思義精舍重建記

영곡英谷 조공제문趙公祭文

전주류씨 열녀기적비全州柳氏 烈女記績碑

죽수서원竹樹書院 참배기
- 정암 할아버님과의 만남 -

　사람이 이 세상을 산다는 것은 어떤 의미에서 끊임없는 만남을 의미하는 것은 아닐까 하는 생각을 자주 해 본다. 아침에 눈을 떠 내 가족의 얼굴을 보는 순간 내가 살아 있음을 확인하게 되고, 길거리에서 만나는 낯선 얼굴을 유심히 바라보고 있노라면 모두가 제 나름대로 특징을 가지고 있어, 보면 볼수록 정겨운 마음이 드는 것이다. 그런가 하면 아침에 산에 올라보면 하루가 다르게 변하는 자연의 섭리에 경건한 마음마저 갖게 되는 것이다. 그리고 어떤 때 시골을 가다가 양지바른 곳에 조용히 누워 있는 무덤을 보노라면 어렸을 적 느끼던 무서운 생각은 없고 내 이웃을 만난 것처럼 반가움마저 느끼게 되는 것은 단순히 나이 탓만은 아닐 것이다. 인간 삶에 있어서 만남이란 단순히 시간과 공간의 제약 속에서만 이루어지는 것이 아니라 시공時空을 초월하여 영원으로 이어질 수 있기 때문일 것이다. 우리가 오늘을 살면서 역사적 유물을 통하여 과거의 인물을 만날 수 있는 것도 바로 그러한 일 가운데 하나가 아닐까?

지난여름, 끔찍하게도 무덥던 여름, 나는 집안사람들과 함께 나의 먼 할아버지를 만나기 위하여 전라도 화순(옛지명은 능주)이란 곳을 갔다. 그 곳에는 족보 속에서 혹은 역사책을 통하여 만난 적이 있는 정암靜庵, (휘 · 趙光祖) 할아버님이 짧은 귀양살이를 하시던 곳이다. 따라서 그곳은 정암 할아버님이 잠시 머무시던 누옥陋屋과 사약을 받은 아픈 역사의 흔적을 남긴 통한의 절명지인 것이다. 떠나기 전날 밤부터 나는 가벼운 흥분과 긴장으로 제대로 잠을 이룰 수 없었다. 그것은 10여 년 전 정암 할아버님의 묘소가 있는 경기도 용인의 <심곡서원深谷書院>을 찾을 때도 마찬가지였다. 먼 길을 여행하기 위해서는 잠을 자두어야 한다는 생각과는 달리 잠은 저만큼 달아나고 정신은 새벽처럼 초롱초롱 밝아왔다. 나는 자리에서 일어나 몇 번이나 읽었던 문고본『조정암의 생애와 사상』(姜周鎭저, 박영사, 1982)을 찾았다.

"정암 조광조선생은 이조시대의 학자 중에 가장 이념이 뚜렷하고 명백한 정책을 가지고 정치에 참여한 분으로 — 국정을 개혁하여 도의국가의 이상을 달성하려고 전력투구

한 분이다.— 이런 점에서 이조시대의 최고의 도학자요 그 실천주의자였다."

  책을 읽으면 읽을수록 할아버님의 억울한 죽음과 함께 위대함이 가슴을 저며옴을 느끼지 않을 수 없었다. 사회가 부정과 부패로 가득할 때, 아부와 권모술수가 횡행하고 정의로움은 언제나 모함을 받게 되는 것은 예나 지금이나 다를 바 없는 것인가? 이 생각 저 생각을 하는 사이에 날은 밝았다. 30여명의 집안사람들은 여느 관광 때와는 사뭇 달리 엄숙하고 진지한 모습이었다. 여섯 시에 출발하여 88고속도로를 달려 광주를 거치고 화순에 이르는 동안 모두들 정암 할아버님의 삶과 도학정치에 대하여 이야기하다보니 다섯 시간의 긴 여정도 한 순간인 듯 목적지에 도착했다. 우리 일행은 먼저 할아버님이 유폐되어 한 달을 보냈다는 <적려유허지謫廬遺墟趾>를 찾았다. 억울한 죄인(?)으로 귀양살이하시던 북향의 세 칸 초옥草屋은 못난 후손의 가슴을 아프게 했다. 저 비좁고 어두운 토방에서 한 달을 절망 속에서 보내던 할아버님의 모습이 눈에 선하게 떠올랐다. 정말 가슴이 막혀옴을 절감했다. 우리는 할아버님의 사당에 배례하며 고고한 도학자와 만나고 있었다. 할아버님은 분명 당신의 못난 후손인 우리에게 당신의 절명시絶命詩를 들려주고 있었다.

> 愛君如愛父 (임금을 어버이처럼 사랑하고,)
> 憂國如憂家 (나라 일을 내 집 일같이 걱정했도다.)
> 白日臨下土 (밝고 밝은 햇빛이 세상을 굽어보니,)
> 昭昭照丹衷 (거짓 없는 이 마음 환하게 비쳐주리.)

남곤南袞, 심정沈貞 등에 의한 모함으로 교지敎旨도 없이 사약을 받으면서도 당신의 우국충정을 마지막 한 편의 시로 남기고 돌아가셨으나 역사는 당신의 고절高節을 기리고 있으니 이를 두고 역사의 아이러니라 하던가? 그러나 역사가 살아 있음만으로도 불행 중 다행이라 해야 할 것인가? 사당 앞에는 우암尤庵 송시열선생의 글로 세워진 <적려유허비謫廬遺墟碑>가 있고 이를 소개하는 조그만 안내판이 우리 일행의 안타까운 마음을 조금은 달래주고 있었다.

"이 비는 조광조(1482-1519)선생이 이곳에서 사사賜死당한 것을 기념하기 위하여 세운 것이다. 선생은 조선 중기 성리학자로 중종반정 이후 연산군의 폐정을 개혁하다가 반대파의 모함을 받아 중종 14년(1519) 이곳 능주면 남정리에 유배되어 1개월 만에 사약을 받고 죽음을 당하였다. 그

후 현종 8년(1667) 당시의 능주목사인 민여로가 우암 송시열의 글을 받아 이 비를 세워 선생의 넋을 위로하고 그의 뜻을 되새기게 하였다."

 우리 일행은 유허지의 이곳저곳에 남아 있을 할아버님의 체취를 느낄 수 있었다. 모두들 말이 없었다. 우리는 너무나 늦게 할아버님을 찾은 것을 부끄러워하며 방명록에 일일이 이름을 적고 할아버님의 후손답게 살 것을 다짐하며 차마 떨어지지 않는 발걸음으로 그곳에서 멀지 않는 죽수서원竹樹書院으로 향했다.
 죽수서원은 정암 할아버님을 배향하기 위하여 세워진 많은 서원 가운데 심곡서원과 함께 가장 대표적인 서원이라 할 수 있다. 나지막한 산자락에 자리한 죽수서원은 원래 중종 15년(1520)에 정암 할아버님께서 사사 당하시자 멸문의 화를 두려워하지 않고 시신을 보살핀 교리 학포學圃 양팽손梁彭孫선생이 능주의 중조산에 세웠던 것을 선조 3년(1570)에 옮겨 짓고 양선생을 함께 배향한 서원이다. 우리는 서원에 배례하고 다시 한 번 할아버님의 높은 이상을 몸으로 느꼈다. 그리고 학포 선생의 선비정신에 감읍感泣했다. 억울한 죽음임을 알면서도 시속時俗에 따라 당신의 죽음을 외면했던 거유巨儒들과는 달리 끝까지 시신을 염하였을 뿐만 아니라 서원을 세우고 정암 할아버님의 제사 날이면 목욕재계하고 통곡을 하였으며, 제자나 자제들에게 봄과 가을에 제사를 올리게 한 것이야말로 지조를 목숨처럼 여기던 진정한 선비정신이 아니겠는가? 세상이 아무리 험악해도 의로운 행동을 했던 한 사람을 우리는 이곳 죽수서원에서 다시 만나게 되었다. 이 얼마나 아름다운 만남인가? 우리는 정말 먼 길을 달려 정암 할아버님을 다시 뵈올 수 있었다. 만남은 아름다운 것이고 또 다른 출발이다. 그 출발을 다짐하면서 우리는 할아버님의 한과 슬픔이 남겨져 있는 능주(화순)를 떠났다. 모두들 한 점 피로한 기색도 없이 창 밖으로 보이는 죽수서원을, 적려유허지謫廬遺墟趾를 정성스레 가슴속에 새기고 있었다. 나의 가슴속에 능주는 먼 전라도의 조그만 시골이 아니라 고향처럼 자리하고 있음을 느꼈다. 차는 어느새 능주를 벗어나 곧게 뻗은 도로를 달리고 있었다. 나는 품속에서 예의 문고본을 펼쳤다. 우복愚伏 정경세鄭經世선생이 쓴 희천에 있는 상현서원象賢書院의 제문을 다시 읽었다.

"옥과 같이 윤潤하고, 금과 같이 정精한 것이 선생의 자질이요, 성인이 행한 대로 따르고자 한 것이 선생의 덕이요, 요순堯舜의 성정聖政을 이룩하자는 것이 선생의 뜻이었으며, 관직을 떠나서 야野에서 학문만 하려했으나 어쩌다 관계에 나아가서 얼마 되지 않아 무고를 받아 물리침을 당했으니 선생이 궁한 처지에 놓이게 된 것이다. 중간에 사사당했으나 선생의 도학이 끊어지지 않고 꺾이지 않아서 완전했으니 이것이 선생의 결산이었다……"

나는 눈을 감았다. 나는 지금 500년 전 이 땅에 도학정치를 실현하려다 뜻을 이루지 못하고 억울하게 돌아가신 할아버님을 만난 것이다. 이 만남은 내 초라한 모습을 돌아보게 하고, 세상살이에 눈감고 살아온 나의 무능과 불성실을 반성케 해주었다. 역사가 살아 있음을 나는 뼈저리게 느낀다. 나는 눈을 뜨고 가뭄과 땡볕 속에 생명을 지탱하는 이름 없는 풀들의 끈질긴 모습을 보고 고개를 들어 먼 하늘을 바라보았다. 거기에는 도포자락을 날리며 근엄하게 앉아 있는 노인의 모습이 아련히 떠오르고 있었다.

(1994)

참판공행장 參判公行狀

　공公의 휘諱는 원源이고, 자字는 원지源之이니 증공조참판贈工曹參判으로 한양 조씨漢陽趙氏이다.
　시조의 휘는 지수之壽이니 고려 첨의중서사僉議中書事요, 5세世의 휘는 인벽仁璧이니 문하좌정승門下左政丞 용원부원군龍源府院君이며, 시호諡號는 양렬襄烈로 조선 태조李成桂의 자형姉兄이다. 양렬공襄烈公은 중국에 사신으로 갔다가 태조가 등극했다는 소문을 듣고 군자는 불사이군不事二君이라 하여 곧바로 양양襄陽으로 들어가 태조의 부름에도 응하지 않고 끝까지 고려 유신遺臣으로 충절을 지키니 후일 그 곳 유림에서 동명서원東溟書院을 지어 봉향奉享하였다.
　6세의 휘는 연涓이니 태조와 세종을 섬겨 좌명공신佐命功臣으로 우의정右議政을 지냈으며 한평부원군漢平府院君에 봉해지고, 시호는 양경良敬이다. 양경공의 아들은 휘가 련憐

이니 병조참판兵曹參判 지돈령知敦領이고, 그 아들의 휘는 운종云從이니 사옹별제司甕別提이고, 별제의 아들은 휘가 종琮으로 현감縣監이다. 9세인 현감공은 기묘년(1519)에 삼종질三從侄인 정암靜庵 문정공文正公이 사화士禍로 말미암아 일문一門이 경향 각지로 흩어질 때 여섯 분의 아들과 여러 손자를 이끌고 영천榮川(榮州)으로 낙남하니, 이로 비롯하여 영남에 우리 조문趙門의 세거가 시작되었다. 이 분이 곧 공의 조祖이며, 공의 여섯 째 아들인 증참의공贈參議公 휘 형완亨琓은 다시 안동安東 풍천豊川으로 이거移居하였는데 이가 공의 고考이다.

참의공은 네 아들을 두었는데, 그 넷째 아들인 참판공은 중종 6년(1511) 한양에서 태어나 아홉 살 어린 나이로 조부인 현감공이 낙남할 때 영주로 내려와 안동 풍천에서 소년기를 보내다 영양英陽의 함양 오씨咸陽吳氏인 부장部將 필㻶의 딸과 혼인하여 중종 30년(1535)에 영양 원당元塘으로 이거 하니, 이 때 공의 춘추가 25세로 한양 조씨 영양 입향조入鄕祖가 되며, 시조의 11세손이다.

공의 조부인 현감공은 기묘사화를 당하여 멸문지화滅門之禍를 피하여 영주로 낙남하여 은거하면서도 자손들에게 문정공이 주장하던 유교로써 정치와 교화의 근본을 삼아 왕도정치를 실현해야 한다는 지치주의至治主義를 실천할 것을 일깨웠으며, 인仁·의義·예禮·지智·신信·형亨을 여섯 아들의 이름에 넣어 도학적 실천을 위한 덕목으로 삼았다. 이러한 도학적 가풍은 공에게 계승되었으니, 공은 두 아들의 이름 또한 광인光仁, 광의光義라 하여 인의仁義를 최고의 덕목으로 삼는 한편 도학을 가학家學으로 확립하려는 뜻을 세웠다. 그러나 공의 원대한 뜻은 미처 문정공의 신원伸寃이 있기 전이라 궁벽한 산중에 묻혀 사는 처사處士로서 세상에 드러낼 길이 없었으니, 후일을 기약하며 자손들에게 거는 기대가 컸음을 추찰推察할 수 있다.

공의 장자 휘 광인光仁의 자字는 경애景愛이고, 호는 경산당景山堂으로 증한성부판윤贈漢城府判尹이며, 차자次子 휘 광의光義의 자字는 경제景制이고 호는 약산당約山堂으로 판결사判決事이다. 이 두 형제분은 선대의 유훈에 따라 학행을 닦아 세인世人으로부터 해동이로海東二老라 칭송 받으니 이는 모두 공의 가르침에서 비롯되었다. 인종 원년(1545)에 정암선생이 신원되면서 기묘명현己卯名賢에 오르고 선조 원년(1568)에 문정文正이란 시호諡號를 받으면서 마침내 명문세가의 명성을 다시 찾게 되었으나 애석하게도 참판공은 큰 뜻을 미처 펴보지도 못하고 명종 5년(1550)에 기세棄世하니 향년 40세였다. 이 때 공의 아들은 장자가 13세歲이고 차자는 겨우 7세였는데, 어린 장자 판윤공은 친상親喪을 당하어 애호실성哀號失聲하니 이를 본 모든 사람이 애통해 마지 않았다. 이 후 판윤공은 모부인母夫人 오씨吳氏를 극진히 봉양하고 계씨季氏인 판결사공과 더불어 영양 조문趙門의 기틀을 닦기에 진력하였다. 그러나 공 또한 중년에 병을 얻어 기세棄世하니 향년 45세였다.

판윤공은 수월공水月公 휘 검儉과 사월공沙月公 휘 임任과 휘 적籍을 두었으며, 판결사공은 연담공蓮潭公 휘 건健과 호은공壺隱公 휘 전栓, 휘 간侃과 휘 신伸을 두었다. 이후 임진왜란(1592)이 일어나자 판결사공은 장질長姪 수월공을 비롯하여 사월공, 연담공, 호은공을 앞세워 팔공산회맹八公山會盟과 화왕산성火旺山城 전투에 참전하여 충의를 드높이니, 다섯 분 모두가 용사제현龍蛇諸賢으로 추앙 받으며, 임진호국영남충의단壬辰護國嶺南忠義壇에 제향되니, 이러한 충의는 모두 입향조인 참판공의 유훈을 따름에서 비롯되었다.

또한 참판공의 장손長孫인 수월공은 13세의 미성未成으로 친상을 당하여 상주로서 위의威儀를 잃지 않았을 뿐만 아니라 홀로 된 조모와 모부인께 효성이 지극하였다. 조모가 병환이 있어 잉어가 약이라는 말을 듣고 삼동에 얼음이 언 개울가에서 잉어 얻기를 빌자 하늘도 효손孝孫의 정성에 감응感應하여 얼음 속에서 잉어가 튀어나와 이를 가져다 공양하자 조모의 병환이 쾌차하니, 마을 사람들이 공의 효행을 높이 기려 마을 이름을 비리동飛鯉洞이라 명명했다. 사월공 또한 숙부인 판결사공을 따라 화왕산전투에 참전한 이후 다시 정묘년(1627)에 청병淸兵에 항복한 강홍립姜弘立의 반란을 맞아 나라에서 군수軍需를 감당할 길 없음을 알고 창고를 열어 군량軍糧을 보태었다. 이에 조정에서 그 충정衷情을 기려 자헌대부지중추부사資憲大夫知中樞府事에 승서陞敍하고 삼대를 추숭追崇하는 은전恩典을 내려, 지난 날 문정공의 피화被禍로 낙남한 이후 온갖 간난艱難을 무릅쓰고 궁벽한 산촌에 새로운 세거지를 개척한 조선祖先을 현창하게 되니 영양 입향 삼대三代 90여 년 만에 명문세가의 옛 영광을 다시 찾았다. 또 병자호란이 일어나자 이미 노령에 이른 수월공은 사월공과 함께 축천단祝天壇을 쌓고 오랑캐를 물리치게 해 줄 것을 하늘에 빌었으나 마침내 삼전도三田渡에서 치욕스런 화친을 맺자 단壇에 올라 통곡하고 다시는 서쪽을 향하지 않으니 후세 사람이 이러한 충절을 높이 기려 축천단비祝天壇碑를 세워 두 형제분의 충절을 기렸다.

한편 사월공이 조정으로부터 자헌대부에 승서 되고 삼대 추중의 은전을 받아 집안이 번성하게 되자, 수월공은 사의촌(뒷두들·도계동)에, 사월공은 원당에, 연담공은 연당을 거쳐 가짓들에, 호은공은 주실注谷에 새로이 세거지를 마련하여 영남북부와 영양을 대표하는 문중으로 우뚝 서게 되었으니, 이 모든 가문의 영광과 번영은 실로 원대한 뜻을 품고 이곳에 입향한 참판공의 공덕이라 어찌 아니 할 수 있으리오.

아, 공은 명문세가의 후예로 기묘년 난으로 일문一門이 각처로 흩어질 때 유소년幼少年의 몸으로 조부인 현감공의 옷깃에 매달려 한양을 떠나 영주로 낙남하고, 부친인 참의공과 함께 다시 안동 풍천으로 이거 하여 수년을 보낸 뒤에 홀로 영양에 들어와 신분마저 숨기고 일가를 이루었으니 공의 고적孤寂과 빈한이 어떠했으리라는 것은 짐작하고도 남음이 있지 않겠는가. 그러나 공은 궁벽한 산촌의 이름 없는 처사로 숨어 지내면서도 빛나는 선대의 공덕과 유훈을 잊지 않고 언젠가 명문세가의 영광이 다시 올 날을 굳게 믿었다. 공의 원대한 뜻은 마침내 손자대에 이르러 명문세가의 후예임을 세상에 드러내었고, 이후로 빼어난 후손으로 문한文翰이 끊이지 않아 호봉공壺峰公 휘 덕순德純과 옥천공玉川公 휘 덕린德耀을 비롯한 많은 분들이 대·소과에 급제하여 환로宦路에 나아감은 물론 150여명의 후손이 유고遺稿를 남겨 예학禮學의 명성을 원근에 떨쳤다.

그러나 애석하게도 지금까지 공의 사행事行을 분명히 기록한 전적典籍이 없고, 불초不肖 소손小孫 또한 암우暗愚하여 선대의 높고 아름다운 자취를 드러내기 부족하나, 후손된 도리로 선대의 사적事蹟이 자취도 없이 묻혀져 없어지는 것을 안타깝게 생각하여 여러 어른들로부터 들은 것과 옛 문헌을 조사하고 연대를 고증하여 소략하게나마 공의 행장을 초하나니, 이는 우리 입향조인 참판공을 세상에 드러내기 위함만이 아니라, 만난萬難을 이겨내고 영양에 입향하여 후손으로 하여금 세세만년世世萬年토록 복록을 누릴 수 있는 터전을 마련하신 공의 원대한 뜻을 우리 후손들에게 영구히 전하고자 함이다.

정해년丁亥年(2007)
참판공參判公 14세손十四世孫 진기鎭基 삼가 쓰다.

영양향교 육영루 중건기 育英樓 重建記

영양英陽은 신라 옛 땅 고은古隱으로 지세地勢가 협소하고 인구 또한 적어 폐현廢縣과 복현復縣을 거듭했으나, 산자수명하고 인심이 순후해서 문한이 끊이지 않아 마침내 1683년 영양현으로 복현되니 비로소 독립된 한 고을로 자리하게 되었다. 고을이 확립되니 인재 양성의 필요성이 요청되어 같은 해 영양향교를 창설하였다. 복현과 더불어 향교 건립을 추진하느라 대성전大聖殿과 명륜당明倫堂을 비롯한 부속건물을 지었으나 미처 문루門樓만은 짓지 못하였다. 향중鄕中 유림에서는 이를 안타깝게 생각하던 차 한세기韓世箕 현감이 새로 부임하자 문루의 신창新創을 건의하니 현감 또한 크게 기뻐하고 기꺼이 자신의 연봉捐俸을 쾌척하는 한편으로 공력지원工力支援을 약속하였다. 이에 뜻있는 향내鄕內 인사들도 출미出米로 정성을 보태어 1702년

2월에 착공하여 같은 해 8월에 준공하니 그 규모가 동서 7심尋(약13미터), 남북 2심尋(약4미터), 이층 누각으로, 위층에는 난간을 두르고 아래는 통로로 하여 주위에는 담장을 둘렀다. 옥천玉川 조덕린趙德鄰선생이 맹자孟子의 군자삼락君子三樂 가운데 "천하의 영재를 얻어 교육하는 것이 세 번째 즐거움이라得天下英材 而敎育之 三樂也"에서 육영루育英樓란 이름을 취하고 기문記文을 써서 남기니 비로소 영양향교는 온전한 모습을 갖추게 되었다.

 이후 60여 년의 세월이 지난 1762년에 이르러 육영루가 퇴락하니 고을의 선비들이 각고정성으로 중수하기도 했다. 그러나 애석하게도 일제강점기인 1925년에는 누樓가 철거되면서 마침내 육영루는 신고辛苦의 역사를 간직한 채 모든 이의 기억에서 사라지게 되었다. 그 후 오랜 세월 동안 서세동점西勢東漸의 흐름 속에 인륜을 중시한 동양사상은 뿌리부터 흔들려 그 깊은 의미를 상실하는 듯했다. 그러나 서구의 물질주의에 미혹迷惑되어 인간의 본성을 잃어버린 현실에 대한 반성의 기운이 일어나면서, 동양정신에 대한 탐구가 증대하고 전통문화에 대한 인식이 고양되었다. 때마침 정부에서는 경북 북부지역을 유교문화권으로 지정하고 2000년 유교문화권 관광자원화사업으로 영양향교를 정비하면서 마침내 잊혀졌던 육영루는 2007년 7월에 기공

하여 2008년 12월에 옛 모습 그대로 복원되기에 이르렀다.

일찍이 향교는 양사養士를 위한 방편이니, 선비의 학문적 이상인 명륜지학明倫之學을 세우고 학문탐구와 사색을 통하여 이를 익히고 실천할 수 있는 능력을 기르는데 그 존립 이유가 있다. 그리하여 공자孔子는 "배우고 생각하지 않으면 망칙하고 생각하고 배우지 않으면 위태롭다.學而不思則罔, 思而不學 則殆" 하였으니, 향교에는 위로는 성현을 우러러 뫼신 대성전을 성역으로 하고, 성현의 학행을 배우는 자리로서 명륜당과 사색의 공간으로시 누각을 짝지어 배치하였다.

배움이란 새로운 지식을 아는 것만이 아니라 이를 체득하여 실천하고 나아가 거기에서 삶의 깊은 의미를 깨닫고 즐기는 것으로, 일찍이 "아는 자는 이를 좋아하는 자만 못하고, 좋아하는 자는 이를 즐기는 자만 못하다.知之者 不如好之者, 好之者 不如樂之者"하여 배움의 궁극적 목표가 학문적 삶을 스스로 즐기는 데 있다했으니 육영루야말로 학문적 즐거움을 아는 자의 공간임을 어느 누가 부인하리오.

이제 거의 한 세기가 지난 오늘 새로이 육영루를 중건하는 뜻은, 단순히 옛 건물을 다시 세워 없어진 옛 모습을 보려는 복고적 취향에서가 아니라 옛 것을 익혀 빛나는 오늘과 새로운 내일을 열기 위함이 아니겠는가. 대성전에 나아가 옛 성현을 배알拜謁하고 명륜당에 이르러 명륜지도明倫之道를 익히고 마침내 육영루에 올라 사색을 통하여 인륜의 소중함을 깨치고 실천할 수 있는 길을 열게 될 것이니, 육영루 복원이 갖는 참뜻이 여기 있음을 잊어서는 안 될 것이다. 나아가 이번 육영루 복원이야말로 영양향교가 경북 북부지역의 전통문화를 계승 발전시키는 중심에 자리할 수 있는 계기를 마련해 줄 것이며, 빼어난 인재의 배출로 예로부터 문향文鄕으로 일컬어진 고을의 명성을 드높일 것임이 분명하다. 이번 육영루를 중건함에 권영택權英澤 영양군수와 김상진金相鎭 전교의 헌신적 노력이 있었음도 아울러 밝혀 기문記文으로 남긴다.

2008年 戊子年 12月
한양漢陽 조진기趙鎭基 근찬謹撰

사의정사중건기 思義精舍重建記

　이곳 도계리 道溪里는 태백준령의 남쪽 봉우리인 일월산을 뒤로하고 반변천 半邊川과 장군천 將軍川이 좌우로 감싸안아 산고수장 山高水長하고 지고속순 地古俗淳하니 선비의 고장으로 한 점 모자람이 없는 곳이다. 우리 한양조씨 漢陽趙氏는 일찍이 한양에 살았는데 기묘년 사화 士禍로 문정공 文正公 정암 靜庵 선생께서 화禍를 입어 일문 一門이 전국 각처로 흩어질 때 현감공께서 영주로 낙남 落南하고 그 손자되는 참판공께서 다시 영양 英陽 원당 元塘으로 이거 移居하여 영양세거 英陽世居가 시작되었다. 참판공의 장손 長孫인 수월공 水月公께서 임진병자 양란이 끝난 후 이 곳 일월산록 日月山麓 도계리로 들어와 집을 짓고 이름하여 사의정사 思義精舍라 편액 扁額하고 시서사 詩書史로 자적 自適하니 여기가 한양조씨 영양입향조 참판공 종택 宗宅이다.

그 후 일제강점기에 이르러 마을을 가로질러 도로가 개설되고 학교와 관공서가 들어서니 종택은 헐리는 비운을 겪게 되어 지금의 터에 옮겨짓고 누대累代를 지냈으나 이 또한 세월의 무게를 견디지 못하고 퇴락하기에 이르렀다. 이에 종손 기창基昌을 비롯하여 뜻있는 종인들이 종택 사의정사思義精舍의 중건을 발의하니 전 문중全門中이 적극 호응하여 1999년 12월에 중건위원회가 결성되었다. 건영建泳 위원장이 경향 각지의 종인들로부터 성금을 모으고 종손 기창基昌과 운해雲海 명예위원장이 거금을 쾌척快擲한 데 힘입어 2001년 5월에 공사를 시작하여 2002년 6월에 참판공 종택 사의정사思義精舍가 준공되기에 이르렀다.

이제 전종인의 정성으로 종택 사의정사思義精舍가 중건됨으로써 선조의 덕업德業은 산처럼 높아지고 물처럼 깊이를 더할 것이며 대청과 뜨락에는 뛰어난 후손들이 송백松柏처럼 가득하고 세세무궁世世無窮토록 번성할지니 그간의 경위經緯와 함께 선조의 위업과 후손의 다짐을 노래로 지어 삼가 기문記文으로 남긴다.

기묘년己卯年 화禍를 피해 두메산골 찾아들어
청산녹수靑山綠水 옆에 두고 풍월주인風月主人 되었으니
홍진紅塵에 찌든 몸이 구름 위를 날아라.

어지러운 세상살이 하루인들 편안하랴
임병양란壬丙兩亂 일어나니 분연히 일어섰다.
초야草野에 묻혀 사는 선비의 기상氣像이여.

창칼 들고 싸운 선비 칼잡은 손 맑게 씻고
사의정사思義精舍 지어내어 애지구도愛知求道 힘쓰셨네
에서 나고 자란 자손 효제충신孝悌忠信 되었어라.

국력國力이 미약微弱하여 나라 잃은 백성되어
기나긴 세월 속에 빛바랜 사의정사思義精舍
뜨거운 마음 모아 다시 짓는 이 정성.

시속時俗이 변하여도 상자지향桑梓之鄕 에 아니냐.
세세연년歲歲年年 모여 앉아 문중공론門中公論할 양이면
선조先祖의 유풍여교遺風餘敎가 일월日月처럼 빛나리.

                              2002년 6월 23일
                     參判公 14世 孫 鎭基 삼가 짓다.
*상자지향 : 선조의 무덤이 있는 고향

영곡英谷 조공제문 趙公祭文

　유세차維歲次 기축년己丑年 4월 11일, 진기鎭基는 영곡英谷 종손宗孫(휘·基昌)의 서거 1주기를 맞이하여 공公의 영전靈前에서 한 잔의 술과 몇 자의 글로 공의 행장行狀을 더듬어 보고 공과 함께 한 지난날의 정회情懷를 적어 영결永訣을 고告하고자 합니다.

　지난 이맘께 공께서는 "한양조씨 영양 참판공과 주손冑孫으로 태어나 무언가 이루어 보려고 애쓰다 다 이루지 못하고 다시 태어났던 곳으로 돌아갑니다." 라는 회한의 묘비명墓碑銘을 남기며 홀연히 이승을 떠난 지 1년. 그 사이 꽃은 피고 다시 그 꽃은 지고 세월은 무심히 흘러갔지만 공을 아는 이의 가슴에는 그 날 이후 세월은 정지한 채 아직도 옛 모습 그대로 가슴에 살아 있거늘 어찌하여 오늘 공을 추모하여 공의 묘전墓前에 추모비追慕碑를 세우고 끝없는 눈물을 흘리게 하느뇨.

　아, 슬프다. 공과 함께 한 지난 60여 년의 세월은 결코 짧지 않았지만 우리가 함께 쌓아 온 인연은 그보다 훨씬 깊고 무거운 것이기에 공이 떠난 자리가 너무나 크고 허전하기만 합니다.

　우리 두 사람은 한 살의 나이 차이가 있었지만, 어려서 다 같이 부친을 여의고 가난과 고독 속에서 유년을 보냈습니다. 그러면서도 우린 또래보다 조숙하여 일찍부터 슬픔을 알았고, 고독을 알았고, 삶의 무게를 알았습니다. 어린 시절 또래들과는 별로 어울리지 않은 채, 우리 둘은 위·아래를 오가며 자주 만났지만 이야기보다는 말없이 서로 얼굴만 바라보다 헤어지곤 했지요. 그것이 철들고 이심전심이라 이름할 수 있는 것임을 알았지만, 그 때 우리는 말없이 무엇을 알뜰히 생각했을까요. 아마 가난을 생각했고, 자라서 무엇이 되어 넘어지는 집안을 일으켜 세울 것인가를 일찍부터 생각했던 것 같습니다.

　중학교를 마치고 공은 대구로 유학을 가고, 나는 토요일과 일요일, 그리고 농사일이 바쁠 때면 학교마저 결석하며 지게를 지면서 지손支孫들의 지원으로 유학을 할 수 있는 종손이란 지위를 한없이 부러워했지요. 지금 생각하면 다같이 가난하고 외로웠지만, 나의 삶이 가벼운 것이었다면 공의 삶은 태어나면서부터 종손으로서 무거운 짐을 지고 출발했음을 알았습니다. 그러고 보면 공께서는 유년부터 종손으로서 삶의 무게를 알고 있었던 것임을 많은 세월이 지난 후에 알게 되었습니다.

이후 수 십 년, 우리는 서울과 대구에서 앞만 보고 열심히 살아왔습니다. 그러다 보니 우리는 별달리 자주 만나지 못한 채 소문으로만 소식을 듣고 지냈습니다. 그리고 다시 만났을 때 우리는 벌써 중년의 세월을 지나, 살아온 날들을 돌아보게 되었고, 우리가 마지막으로 관심을 가져야 할 것이 오늘을 있게 한 고향과 가난하여 제대로 뜻을 펴지 못했던 선대의 서러운 삶에 대하여 새로운 의미를 부여하는 일이라고 생각하게 되었지요. 이러한 생각 또한 누가 먼저라고 할 것 없이 우리는 같은 생각을 했고, 그래서 다시 만났습니다.

고향이란 어쩌면 과거가 아니라 현재이고 동시에 미래이어야 하기 때문입니다. 그러기 위해서는 새로운 구심점이 필요했고, 그 구심점은 종손이고 종택宗宅이어야 한다는 생각이었습니다. 그리하여 그 시작은 뒷두들회였고, 그 마지막은 종택 중건 사업이었으며, 그 중심에는 언제나 공이 있었습니다.

종택의 중건사업은 선조의 덕업德業을 후세에 전하고, 종가의 위의威儀를 높이며 종인宗人으로 하여금 숭조상문崇祖

尙門의 정신을 통하여 교목세가喬木世家의 영광을 다시 한 번 펼치게 하려는 원대한 뜻이었기에 이 사업에 기울인 공의 정성을 어찌 말로 다할 수 있겠습니까. 이후 공은 선대의 위업을 선양하는 사업과 함께 선대의 숨결이 살아있는 유적들을 문화재로 지정되게 하는데 심혈을 기울였습니다.

또한, 공은 공직의 바쁜 시간 속에서 어렵게 고향에 내려오면 원근 지손들을 불러모아 정회를 나누기 즐겼고, 드넓은 사의정사思義精舍 어느 곳 하나 공의 손길 머물지 않은 곳이 없었으며, 사의정사를 바라볼 때의 공의 눈길은 언제나 깊은 감회에 젖어들었고, 새로운 꿈으로 빛났습니다. 지금도 사의정사 어디에선가 "형, 왔어" 하며 미소 띤 얼굴로 반겨 나올 것만 같은데, 그 빛나던 꿈과 다사로운 눈길과 자상한 손길은 지금 어디에 있습니까?

영곡英谷 종손.

공은 평생토록 마음에 없는 이야기를 할 줄 몰랐고, 자신의 한 말은 금석처럼 지켰습니다. 그런 공이 어찌 내게 한 약속은 지키지 못합니까. 퇴직하면 고향에 내려와 함께 살자던 약속을 어이 그리 쉽게 져버릴 수 있단 말입니까?

영곡英谷,

지금 이 자리에는 당신이 사랑하던 종부님과 네 형제가

그리움에 가슴 떨며 지켜보고 있습니다. 그리고 당신이 살아생전 보고 싶었던 사랑스런 자부子婦들도 당신 앞에 엎드려 당신의 따뜻한 말씀과 다사로운 손길을 기다리며 눈물짓고 있습니다. 며느리 사랑은 시아버지라 했거늘 시아버지의 사랑을 받을 수 없는 자부들의 애달픈 마음을 당신은 어찌 위로하렵니까.

 그리고 당신이 있어 우리 조문趙門이 언제나 하나가 될 수 있었고 선대의 위업을 선양할 수도 있었습니다. 그리고 공께서 하고자 했던 일들 또한 너무나 많이 남겨두었습니다. 그런데 공이 없는 그 빈자리를 어느 누가 메울 수 있으며, 어느 누가 앞장을 서서 일을 도모할 수 있겠습니까. 공은 연전年前에 내가 쓴 참판공 행장을 보고 크게 기뻐하며 돌에 새겨 두자고 하며 글 쓰는 것은 걱정하지 않아도 되겠다고 좋아하더니 어찌하여 나로 하여금 공의 영전靈前에서 제문을 지어 읽게 하고 두 번 절하는 슬픔을 감당하게 합니까. 글 쓰는 사람이야 어디엔들 있고, 언제나 있게 마련이거늘 어찌 그리 조급하게 우리들 곁을 떠나고 말았습니까.

 오호라! 공이 이승을 떠난 지 일년, 아직도 모든 이들의 가슴에는 슬픔이 가득하고 애통한 마음 가눌 길 없으나, 눈물을 씻고 옷깃을 여미며 다시 한 번 공의 유지遺志를 마음

깊이 새기면서 공의 짧았던 일대一代를 한 조각 글로 간추려 우리 모든 지손의 가슴에 영원히 새겨 두고자 합니다.

"뜨거운 정열은 안으로 감추고,
차가운 의지로 살아온 일생이여.
일대一代의 위업偉業이사
해와 달과 더불어 빛이 되리라."

영곡英谷 종손이시여,
이승에서의 무거웠던 짐일랑 남은 우리들에게 맡기고 이 한 잔의 술을 들고 영원한 안식을 누리소서.

2009년 기축년己丑年 4월 11일

진기鎭基 재배再拜

전주류씨 열녀기적비 全州柳氏 烈女記績碑

예로부터 나라가 어려울 때는 어진 재상을 생각하고 집안이 어려울 때는 어진 아내를 생각한다 하였거늘, 하물며 집안이 빈한하고 식솔이 많은 집안에서 예절을 중시하고 절조를 지키는 현부인의 역할이 절실히 요구되는 것이니 일가의 흥망성쇠가 여기에서 비롯되기 때문이다.

돌아보면 조선시대에도 열녀는 많지 않아 열녀가 있으면 나라에서 그 정절을 기리어 정려旌閭를 세웠거늘 항차 여권신장이란 이름으로 개가가 항다반사인 현대사회에서 망부亡夫를 흠모하여 절개를 지키는 것은 얼마나 거룩하고 아름다운 일인가. 거기에 더하여 온 집안을 예절과 법도로 이끌어 주위 사람으로부터 효열부孝烈婦라는 칭송을 받으니 이는 고故 전주全州 류柳甲先씨이다.

유인孺人은 임란시 의병장이며 참판공 휘諱 복기復起의

14세世이며 부친의 휘는 동훈東勳이다. 유인은 무실水谷의 명문세가에서 6남매 가운데 맏따님으로 태어나 학덕 높은 조부와 부친의 엄한 교육으로 어려서부터 효성이 지극하고 예법을 두루 익혀 19세에 영양의 조문趙門으로 출가하였으니 고 한양조공漢陽趙公 진기璡基의 처다. 부군夫君은 한양조씨 영양입향조 참판공諱 源의 14세손으로 휘 호용虎容의 차자次子다. 조공趙公은 결혼 후 곧바로 도일하였다가 꿈을 이루지도 못하고 오히려 병을 얻어 귀국하여 현부인의 극진한 간병에도 불구하고 유명을 달리하니 이 때 유인의 나이 겨우 25세였다. 이후 일점 혈육이 없음에도 시부모를 극진히 공양하고, 위·아래로 여섯 분의 시숙 사이에서 집안의 화목을 도모하여 원근 사람들로 하여금 우애 있는 집안으로 칭송 받게 한 것도 모두 유인이 보여준 지극한 효심과 자기희생의 결과였다. 또한 어려운 살림으로 많은 시동생들이 상급학교 진학을 하지 못함을 안타깝게 생각하여 완고한 시부모를 설득하여 진학하게 하고 힘든 뒷바라지를 도맡아 하였으며, 평생 길쌈과 농사일로 저축하여 전답 수 천 평을 마련하면서도 자신을 위해서는 한 푼도 낭비하지 않았다.

　유인의 성품은 고결하여 자신에게는 칼날처럼 엄격하고 남에게는 겸양으로 일관하였다. 또한 집안사람과 조카들에게 "자기 자랑을 하지 말고 남의 허물을 함부로 말하지 않는다면 남과 다툴 일이 없을 것"이라고 가르치는 한편 자신 또한 이를 생활신조로 삼고 철저히 실천하여 한 번도 남과 다투는 일이 없었다. 그리고 평생을 예법에 따라 살면서 원근 대소가의 관혼상제에 예절과 법도를 따르게 하여 집안의 사표師表가 되었으며, 자신보다 어려운 사람을 긍휼矜恤히 생각하고 정성으로 대하니 만년에 이르러서는 모든 사람으로부터 여인군자라는 칭송을 받았다. 유인은 60여 년을 빙옥氷玉처럼 홀로 지내며 예법에 따라 가도家道를 세우고 큰집 조카 은석憖錫에게 후사를 맡기고 갑신년 9월에 84세로 하세下世하였다.

아! 슬프도다. 대저 인간의 삶이 어찌 허망한 것이 아니랴마는 유인의 지난 평생을 돌아보면 한 때의 즐거움도 없이 고독과 빈한으로 보낸 세월이기에 더욱 안타깝고 애달플 뿐이다. 그러나 다시 생각하면 인생이란 즐기기 위해 사는 것이 아니라 가치 있는 삶을 위해 한 목숨 바칠 수 있을 때 진정 보람된 삶이었다고 한다면, 유인의 삶이야말로 끝없는 자기희생을 통하여 사람의 도리道理를 일깨워주고 한 집안을 일으켜 세움으로 후손들의 가슴속에 영원히 살아남게 되었으니 어찌 거룩하고 아름다운 삶이라 하지 않겠는가.

삼가 옷깃을 여미고 유인의 고귀한 정절과 아름다운 희생정신을 돌에 새겨 후손의 귀감龜鑑으로 전하고자 하는 뜻도 바로 여기에 있다.

2005년 을유 9월

길에서 보낸 세월

초판 1쇄 인쇄일	2010년 4월 08일
초판 1쇄 발행일	2010년 4월 15일
지은이	조진기
펴낸이	정진이
총괄	박지연
편집·디자인	이솔잎 채지영 김민주
마케팅	정찬용
관리	한미애 강정수
인쇄처	태광
펴낸곳	새미
	등록일 2005 13 14 제17-423호
	서울시 강동구 성내동 447-11 현영빌딩 2층
	Tel 442-4623 Fax 442-4625
	www.kookhak.co.kr
	kookhak2001@hanmail.net
ISBN	978-89-5628-541-2 *03800
가격	19,000원

* 저자와의 협의하에 인지는 생략합니다
  새미는 **국학자료원**의 자회사입니다.
  잘못된 책은 구입하신 곳에서 교환하여 드립니다